BIBLIOTHEQUE

DE

CAMPAGNE.

Ce Volume contient :

La Campagne.

BIBLIOTHEQUE

DE

CAMPAGNE,

OU

LES AMUSEMENS DU CŒUR

ET DE L'ESPRIT.

TOME I.

A AMSTERDAM,

Et se trouve

A PARIS,

Chez la Veuve DUCHESNE, Libraire,
rue S. Jacques, au Temple du Goût.

LA CAMPAGNE,

ROMAN

TRADUIT DE L'ANGLOIS.

TOME PREMIER.

LA CAMPAGNE, ROMAN

TRADUIT DE L'ANGLOIS.

Par M. DE PUISIEUX.

TOME PREMIER.

A LONDRES,

Et se trouve à Paris

Chez la Veuve Duchesne, Libraire, rue S. Jacques,
au-dessous de la Fontaine S. Benoît,
au Temple du Goût.

M. DCC. LXVII.

PRÉFACE.

L'ACCUEIL favorable que le Public a toujours fait aux Romans traduits de l'Anglois, est un heureux augure pour celui-ci. On croit même que les personnes d'un goût éclairé le trouveront préférable aux autres productions de ce genre. En effet on ne voit point ici de ces aventures qui tiennent du merveilleux, de ces faits qui n'ont jamais existé que dans une imagination accoutumée à s'égarer dans le pays des chimeres. Tout s'y passe suivant le train ordinaire de la vie

PRÉFACE.

humaine. Les Acteurs font des Hommes, non des êtres de raifon. La liaifon des principaux évènemens, le naturel des incidens, la vérité des portraits, la variété du coloris, font de tout l'ouvrage le Tableau du cœur de l'Homme tel qu'il eft. Chacun y parle un langage convenable à fon caractere ; les Dialogues y font fimples ; on n'y voit aucun tour de phrafe forcé, aucune expreffion recherchée ; enfin on croit entendre autant de converfations, & l'illufion va jufqu'à oublier fouvent qu'on tient un livre à la main. Auffi un Éplucheur de mots pourra-t-il trouver le ftyle un peu lâche, & trop négligé : mais c'est en cela même que l'Auteur a dû se promettre, conformément à ses vues, le succès qu'il a eu effectivement chez ses Compatriotes, & sur lequel le Traducteur doit compter dans ce pays-ci. Mais comme il n'est pas permis de prévenir la décision de ses Juges, quelqu'avantageuse qu'on soit en droit de l'attendre, il ne nous reste qu'à observer que si l'on n'a pas suivi la maniere qui paroît aujourd'hui généralement adoptée pour les Romans, c'est-à-dire, la contexture en forme de Lettres, ce n'est point pour la blâmer ; mais c'est qu'elle n'étoit point

PRÉFACE.

praticable dans celui-ci, fans interrompre le cours d'évènemens tellement liés les uns aux autres, que le moindre écart, la moindre fufpenfion en auroit détruit l'enchaînement.

Quant aux Réflexions dont l'Auteur a femé fon ouvrage, elles font toutes judicieufes, naturelles, amenées par les circonftances, & elles ont fouvent, outre ces avantages, un air de nouveauté qui fait qu'on s'y arrête avec complaifance.

LA CAMPAGNE.

LA CAMPAGNE,

PARTIE PREMIERE.

CHAPITRE PREMIER,

Où on instruit le Lecteur de plusieurs Personnages qu'il rencontrera dans le cours de cette Histoire.

L A paille n'est pas plus nécessaire pour faire des briques, que les matieres de Politique & les nouvelles pour les conversations de ces assemblées qu'on nomme Cotteries. Qu'une telle compagnie doit donc se trouver désœuvrée dans les tems tristes où la Gazette de Londres & le *Witehall - evening - post* manquent de

fournir des matériaux à leurs sages remarques ! Tel fut cependant un jour le
cas d'une bande de Citoyens riches &
zélés, qui s'assembloient près de la
Bourse. Les pipes étoient allumées, le
punch, le vin de Portugal, la bierre
étoient sur table ; mais le Whitehall ne
disoit rien de nouveau ; l'oracle de la
Gazette de Londres avoit cessé de parler ;
ils paroissoient tous condamnés à un silence éternel, lorsque Blueball dit à
Stun son ami : » Que ferai-je de mon
» fils Janot ? c'est déjà un grand garçon ;
» il est tems de lui donner quelque
» éducation. Or l'éducation est une ma-
» tiere bien délicate ; .... peut-être au-
» tant qu'aucune de celles dont s'occu-
» pent nos gens les plus capables & les
» plus sages. Cependant personne ne se
» croit juge incompétent sur cet article.
» Chacun regarde ses enfans comme un
» chef d'œuvre sorti de ses mains, & par
» cette raison, se croit en droit de les diri-
» ger & d'en disposer à sa fantaisie ; cela
» est à peu près aussi raisonnable qu'un
» Orfevre qui prétendroit avoir droit de
» gouverner le Royaume, parce qu'il a
» l'honneur d'en fabriquer la Couronne.»

Nos Bourgeois ayant entamé un sujet dont la plûpart d'entr'eux n'avoient aucune connoissance, ne déparlerent plus de toute la soirée. Il n'étoit pas facile de recueillir les différentes opinions ; mais un homme en perruque brune & courte, en habit bleu à boutons de cuivre, & en veste rouge, nommé Sourgrape, jura fortement qu'on faisoit mal de mettre les jeunes gens dans les Colléges & les Universités. » Voulez-vous
» qu'ils sçachent ce qu'ils auront à faire
» un jour ? s'écria-t-il, laissez-leur voir
» le monde ; menez-les dans les sociétés ;
» laissez-leur la liberté de boire la bou-
» teille ; parbleu ! bientôt ils deviendront
» des hommes. Nous avions dans mon
» voisinage Sir Joseph ; hé bien ! il fut
» tué dès la premiere élection. Il avoit
» demeuré à Oxford ; c'étoit même un
» garçon sçavant, qui avoit toujours
» vécu sous les yeux de son pere. Dieu
» me damne ! quand il s'est trouvé dans
» la nécessité de boire un peu ferme, il
» a été atterré tout d'un coup. Oui,
» ma foi, il l'a été, & a quitté la place
» à l'honnête Sir Alexandre. Ah ! c'est
» un brave garçon, celui-là ! il a gagné

» dix mille livres fterlings à la lotterie,
» qu'il n'avoit pas encore dix-fept ans;
» depuis il ne s'eft plus foucié de fon
» pere. Allons, à la fanté de Sir Ale-
» xandre. Il me doit quelqu'argent;
» mais qu'importe ; c'eft un bon enfant;
» je lui confierois plein fa peau de gui-
» nées ». Je ne prétends pas dire combien de gens de la compagnie admirerent
Sir Alexandre, ou furent de l'avis de
M. Sourgrape. Quelques-uns lui tinrent
tête affez chaudement ; il y en avoit
un qui étoit fort éloigné d'approuver le
caractere de Sir Alexandre, quoiqu'il
parlât peu & ne difputât point. Ce Gentilhomme fe nommoit Stanley. Son
pere, riche Marchand, l'avoit élevé
pour le même état, & lui avoit laiffé
des fonds confidérables, fon commerce, un joli bien à la campagne, &
l'héritage d'une très-bonne réputation.
Il avoit époufé une femme aimable,
avec de la fortune, & ils vivoient enfemble depuis vingt-deux ans dans la
plus grande union. Stanley, rempli de
bon fens, étoit trop foigneux de fes
affaires pour avoir jamais befoin des fervices de perfonne; tout le monde parloit fa-

vorablement de lui. Il vivoit très-bien, sans augmenter ni diminuer sa fortune. S'il lui arrivoit quelque perte imprévue, lui, ni sa femme qu'il aimoit, n'avoient le sot orgueil de ne pas retrancher aussi-tôt leur dépense. Leur survenoit-il par hazard, quelque profit sur lequel ils n'a-voient point compté? ils multiplioient leurs charités; ainsi ils avoient à peu près la même fortune avec laquelle ils avoient commencé : & cette fortune leur paroissoit suffisante pour s'entretenir & pourvoir deux enfans qu'ils avoient, un fils & une fille.

M. Stanley étoit, peut-être, occupé en silence à penser à ce fils, tandis que la compagnie étaloit ses différens plans d'éducation : pour lui, il ne dit rien. S'il venoit dans cette cotterie, c'étoit pour ne pas paroître mépriser ses voisins, plutôt que par aucun plaisir qu'il trouvât dans leur société. Mais pour revenir à la conversation:»Pourmoi, s'écria un Potier » d'étain, nommé Stun, j'aime le sçavoir; » j'ai envoyé Tom au Collége, & je suis » fâché qu'il n'y ait pas de semblables oc- » casions pour les jeunes filles ; je ne fais » aucun doute qu'elles n'apprissent aussi

» bien que lesgarçons. Voyez ma fem-
» me , continua-t-il , elle ne manquoit
» pas tous les jours, de faire répéter à
» Tom ses leçons de Grammaire, quand
» il alloit à l'Ecole ; & Molly , ma
» fille , quand elle revient de sa Pen-
» sion , si vous voyez avec quelle fa-
» cilité elle marmotte le François ! ....
» je voudrois de tout mon cœur pou-
» voir l'entendre ». Scrape, le Notaire,
étoit d'un sentiment tout opposé. Les
filles coutoient déjà trop , à son avis : il
prononça qu'il étoit honteux que le Parlement ne fît pas une loi pour les retenir
toutes à la maison , occupées à leur ai-
guille ou à filer. Comme il n'étoit pas
grand parleur , il n'en dit pas d'avantage de la soirée. Nous aurons par la
suite occasion de parler souvent de lui.
Tandis qu'ils étoient à discourir sur les
talens des deux sexes, il s'éleva un grand
débat entre Slim Confiseur, & Blueball Prêteur sur gages , touchant le
mérite des Ecoles publiques & parti-
culieres : le premier dit , avec un peu
de chaleur : » Vos garçons élevés dans
» les Ecoles publiques , sont tous des
» coquins , méchans , menteurs & im-

» pudens ». Blueball se sentit fort offensé de ces mots. Il avoit été lui-même
à une Ecole publique jusqu'à onze ans,
& n'en étoit sorti que par obéissance
pour le Maître, qui lui avoit insinué
qu'il ne pouvoit pas absolument y rester
davantage. Ce n'étoit pourtant pas le
défaut de capacité qu'on lui reprochoit;
le petit garçon n'étoit pas bête : & s'il
voloit des livres, c'étoit, sans doute, de
petits tours de jeunesse; car je n'ai jamais
oui dire qu'il ait volé des livres depuis.
Quoi qu'il en soit, il fut fort irrité de
cette sortie contre les Ecoles publiques.
Il cria beaucoup plus haut que son antagoniste, & jura qu'il n'étoit pas possible, sans avoir été élevé dans les Ecoles publiques, d'être un homme comme
il faut ; & il soutint d'une voix extrêmement forte, l'honneur de cette éducation qui l'avoit mis en état de figurer
dans le monde sous le rôle d'un honnête
Prêteur sur gages. Le Confiseur, qui n'étoit que le fils d'un pauvre Boulanger,
avoit été mis en apprentissage chez un
Maître d'Ecole de campagne, qui, en
reconnoissance de ce qu'il balayoit l'Ecole & décrottoit ses souliers, lui don

noit la table, le logement, le blan-
chiſſage, & l'inſtruction ; & dans la cin-
quiéme année, Sam Slim ſçavoit déjà
preſque par cœur le Rudiment, lorſqu'il quitta ſon Maître, & s'enfuit à
Londres, avec une jeune fille du Village, qu'il avoit débauchée. Il n'eſt
donc pas ſurprenant ſi, connoiſſant ſi
bien les avantages d'une éducation particuliere & vertueuſe, il diſputoit fort
& ferme pour l'honneur des Ecoles par-
ticulieres. Ils s'échaufferent tous les deux,
& en vinrent à des paroles très-dures.
Envain M. Stanley mit en uſage tous les
moyens qu'il put pour appaiſer ce débat ; envain Stun tâcha de concilier les
deux parties, en louant toutes les ſortes
d'éducation ; ils en ſeroient certainement
venus aux coups, ſi Sourgrape ne ſe fût
aviſé d'élever la voix plus que les autres,
& rempliſſant un verre, il but à la
confuſion de toutes ſortes d'Ecoles,
jurant que le ſçavoir ne ſervoit qu'à rendre les jeunes gens des lâches & des ſou-
pes de lait : il mit les contendans d'ac-
cord ; bientôt après la compagnie ſe diſ-
perſa. Ce fut la ſeule choſe que l'on fit
ce ſoir, dont M. Stanley eut lieu d'être
ſatisfait.

Comme Sourgrape étoit celui qui avoit le plus élevé la voix, & que nous le rencontrerons bientôt encore, il ne sera pas inutile d'en ébaucher le portrait en peu de mots. Ce digne personnage, qui trouvoit si déraisonnable de confiner les jeunes gens dans les Ecoles & les Colléges, avoit autrefois tenu Taverne, & y avoit gagné beaucoup d'argent; mais ayant depuis plusieurs années, quitté sa profession, & fait le recouvrement de ce qui lui étoit dû, il avoit fait valoir son argent. Si on eût crié dans ce tems-là contre les Juifs, Sourgrape n'auroit jamais pu être accusé de les favoriser. Jamais il n'en avoit employé un seul ; il avoit pris soin de s'instruire si bien par lui-même du métier & des finesses de la Banque, que non-seulement il faisoit ses propres affaires, mais encore étoit toujours de bonne volonté pour rendre service à ceux de ses amis qui ne se trouvoient pas bien instruits de ces mysteres; & même il servoit les enfans de ses amis, pourvu que ce fussent de jeunes gens qui promissent. Si quelque vieil avare laissoit en mourant une grosse fortune à un jeune homme qui semblât

A v

réfolu de ne pas fuivre le mauvais exemple de fon pere, Sourgrape, qui buvoit bien, rioit avec éclat, juroit beaucoup, chantoit la petite chanfon, & étoit toujours plein de proteftations d'amitié & de complaifance, ne manquoit pas de cultiver fa connoiffance. Le jeune homme avoit-il befoin d'une maîtreffe, l'honnête Sourgrape l'aidoit à s'en procurer une : fi ce nouvel ami manquoit d'argent avant l'échéance de fes revenus, le généreux Sourgrape lui en fourniffoit fur le champ ; & la Providence avoit fi bien récompenfé fes talens & fa générofité, qu'il avoit amaffé au moins vingt mille livres fterlings par ce manege.

CHAPITRE II.

Où le Lecteur commence un peu à connoître le Héros de cette Histoire.

QUOIQUE dans l'assemblée, M. Stanley n'eût pas contredit l'opinion de Sourgrape, que le sçavoir ne tend qu'à faire des lâches & des soupes de lait, il étoit néanmoins d'un avis tout différent ; il avoit donné une éducation honnête & libérale à un fils, dans lequel son cœur se complaisoit, & avoit eu le bonheur de trouver que la partialité de pere ne le trompoit point lorsqu'il avoit cru voir jusques dans les amusemens de son enfance, une lueur de génie qui lui en faisoit espérer de grandes choses, quand il auroit atteint l'âge d'homme. A l'école, aucun enfant n'étoit plus applaudi de ses Maîtres, parce qu'aucun ne recevoit avec plus d'attention que lui les instructions. Quoique M. Stanley goutât cette satisfaction secrette que ressent un pere tendre & affectionné à voir son fils toujours le premier & le plus avancé des Ecoliers de fa Claſſe, il n'étoit pourtant pas tellement fixé à perfectionner les talens de ſon fils, qu'il négligeât ſes mœurs. A la vérité, ce n'étoit pas par des leçons longues & ennuyeuſes, qu'il tâchoit de le conduire dans le bon chemin.; mais il ne manquoit pas de lui donner de tems en tems, des avis qui n'étoient ni trop fréquens ni trop longs pour l'attention qu'il pouvoit attendre de l'âge de ſon diſciple. Telle eſt la route que doivent prendre ceux qui viſent moins à étaler leur propre ſageſſe, qu'à procurer des avantages à un ami dans les conſeils qu'ils lui donnent. Ce pere avoit ſoin auſſi de ne paroître ni trop guindé ſur ſon autorité, ni trop familier avec ſon fils, au moyen de quoi, il avoit gagné en même tems ſon affection & ſon eſtime.

Madame Stanley étoit une femme d'un excellent entendement ; mais elle ne pouvoit point garder ce milieu exact comme ſon mari. Elle laiſſoit prendre l'eſſort à ſon cœur dans l'amour qu'elle avoit pour ſon fils, & le traitoit avec la liberté & la familiarité la plus grande ; en quoi elle faiſoit peut-être mieux que son mari. Cette façon d'agir insinuoît dans son caractere, une tendresse & une bonté de naturel qui le rendoit susceptible de ces sensations douces d'amour & d'amitié qui constituent les foibles lueurs de bonheur, le seul plaisir véritable que notre nature nous permette de goûter, & qui n'auroient jamais été si heureusement cultivées, sans cette liberté entiere avec laquelle cette bonne mere traitoit toujours son fils. Cependant ce fut pour elle la cause de bien des déplaisirs ; car ayant donné un libre essort à son cœur, elle étoit dans des inquiétudes continuelles à l'occasion de ce cher fils. Quand il étoit encore enfant, entroit-il dans l'appartement de meilleure grace qu'un autre, la joye qu'en ressentoit sa mere se faisoit appercevoir aux moins intelligens de la compagnie. L'effet n'étoit pas moins visible, quand il disoit un mot de trop ou de trop peu ; car quoiqu'elle l'aimât éperdument, ses fautes les plus légeres lui sautoient à la vue. Il est vrai qu'elle étoit portée à les lui pardonner aussi aisément qu'elle les découvroit ; mais elle sçavoit que le monde ne les lui passeroit pas aussi légerement, & son ambition étoit de le voir mériter l'approbation générale. Elle espéroit que son fils deviendroit quelque jour un grand homme ; car il avoit certainement de ces génies rares qui promettent beaucoup, même dès l'enfance : cependant il y avoit une chose qu'elle desiroit encore plus ; c'étoit qu'il fût un honnête homme. Aussi elle ne laissoit échapper, non plus que son mari, aucune occasion de remplir son jeune cœur des principes les plus aimables, ceux qui pouvoient faire son bonheur à lui - même, & le rendre agréable & utile aux autres : &, par évenement, ces principes prirent si bien racine dans son ame, qu'il ne se crut jamais heureux, que quand il fut devenu parfaitement bon & honnête homme, dans le sens le plus rigoureux de ce terme.

Mes Lecteurs desirent, du moins je le pense, de voir paroître ce jeune homme. Eh bien ! Lecteurs, j'aurois bien pu vous le présenter conduit par les mains de l'innocence & de la discrétion. Si je vous eusse fait le détail de ses dix-neuf premieres années, je vous aurois raconté ce long espace de tems comme une suite

continuelle d'application à l'étude, d'o-
béiſſance à ſon pere, de reſpect pour ſa
mere, d'égards pour ſes amis, de politeſſe & de bonnes manieres pour tous
ceux avec qui il ſe rencontroit. Mais
hélas ! l'âge de mon héros, quand vous
commencez à le connoître, eſt préciſé-
ment cette ſaiſon de la vie plus dangereux pour un jeune homme dont l'eſprit
eſt vif & les ſens dans toute leur per-
fection, que la grande année climaté-
rique pour un vieillard qui a tous les
ſens uſés. Vous ne ſeriez point du tout
ſurpris, Lecteurs complaiſans, d'entendre ce dernier touſſer, de voir ſa vue
s'affoiblir, ſa voix devenir caſſée, ſa
main trembler, ou ſes jambes chanceler
ſous lui. Ce ſont, diriez - vous, des
foibleſſes naturelles à ſon âge. Pourquoi donc ſeriez-vous choqués de voir à
un jeune homme les foibleſſes de la jeuneſſe ? Elles ſont auſſi naturelles à ſon
âge, que les autres à un vieillard dont
la vie eſt ſur ſon déclin. Ainſi toute la
faveur que je vous demande pour M.
George Stanley mon héros, c'eſt d'a-
voir toujours préſent à l'eſprit, que ce
jeune homme étoit d'un eſprit vif &

prompt. Reſſouvenez - vous auſſi que toute une Ville de pécheurs auroit été ſauvée , s'il eût pu s'y rencontrer un ſeul homme parfaitement juſte : que beaucoup de vertus & de mérites ſoient donc une compenſation pour quelques indiſcrétions ; mais mon Chapitre eſt déjà long , & il ſera plus décent d'introduire mon héros dans le commencement d'un Chapitre.

CHAPITRE III.

Mauvaises nouvelles.

LE lendemain matin, M. Stanley raconta à sa femme le tour qu'avoit pris la conversation ; que ce sujet lui avoit roulé toute la nuit dans la tête, & qu'il en étoit encore tout rempli. Elle dit en badinant, qu'il n'iroit plus à cette assemblée, si elle s'appercevoit que les propos qui s'y tenoient fissent une si forte impression sur lui ; & ils ne firent qu'en rire. Mais, en effet, Madame Stanley, au lieu de tranquilliser l'esprit de son mari, avoit gagné un peu de sa maladie. Le même jour, pendant le dîner, on leur apporta une lettre d'Oxford. Ordinairement les lettres de cet endroit leur donnoient bien de la joye & de l'empressement pour les ouvrir ; mais alors ils ne virent point arriver celle-ci sans un certain mouvement de crainte. N'allez pas croire, Lecteurs, que nous soyons des superstitieux, & des gens à croire aux présages : si nous avons des foiblesses, celle-là n'est pas du nombre. Soit que leur esprit ne fût pas dans son assiette ordinaire, soit par quelqu'autre raison, il est sûr qu'ayant reconnu le caractere du Maître de leur fils, ces deux bons parens ne la reçurent pas avec la même gayeté qu'ils en avoient eu à lire beaucoup d'autres de la même personne. La voici, cette lettre : jugez vous mêmes comment ils en durent être affectés.

Oxford.

Monsieur,

» Vous êtes persuadé, je crois, de
» mon amitié pour vous & pour votre fa-
» mille. Elle est telle, qu'il me seroit
» impossible de vous causer de la peine
» sans la ressentir moi-même. Ne vous
» allarmez pas. . . . . Votre enfant, (j'ai
» pensé dire le mien, car, en vérité, je
» l'aime autant que s'il étoit à moi), grace
» à Dieu, est en bonne santé. A l'égard
» de sa conduite & de ses mœurs, en
» vérité, le pauvre garçon n'est pas ca-
» pable de rien faire de vil & de bas. Il
» m'a demandé permission, il y a en-
» viron trois semaines, pour accompa-

» gner son ami Martin, second fils de
» Sir Robert Martin, chez son pere, à
» quatorze lieues d'ici. J'ai toujours été
» charmé de l'amitié qui regne entre ces
» deux jeunes gens ; ce sont de tous mes
» Pupilles , ceux qui me font le plus
» d'honneur; mais les nouvelles que j'ai
» reçues avant-hier de Sir Robert, m'ap-
» prennent qu'ils ne sont pas allés chez
» lui. Enfin j'ai reçu hier par la poste,
» une lettre de George ; elle est datée
» de l'armée d'Allemagne. . . . . . .
» Tenez , Monsieur, je suis un vieillard
» élevé dans un Collége , & que le bruit
» des armes est bien capable d'effrayer.
» J'avoue que je l'ai été à la premiere
» lecture de cette lettre ; mais après
» m'être mis un peu à réfléchir , je me
» suis rassuré. J'entrevois tant de bra-
» voure dans cette entreprise , que je
» ne puis presque pas les blâmer. En ef-
» fet, si quelqu'un mérite de l'être, c'est
» moi , qui aurois peut-être dû veiller
» de plus près sur les mouvemens de ces
» jeunes têtes : & même , quoique je ne
» condamne pas beaucoup l'entrepri-
» se, ... je craindrois un peu le
» danger , si je n'étois rassuré par le

» bruit qui court dans le public , qu'on
» ne fera rien cette campagne ; ainſi
» l'hyver ramenera ſurement nos enfans
» en Angleterre ; & je ſuis convaincu
» que nous parviendrons à leur faire pro-
» mettre de reſter à l'avenir dans le
» païs : ſi une fois Stanley le promet,
» j'engagerois ma vie qu'il tiendra pa-
» role. En effet, toute ſon excuſe, pour
» avoir fait cette démarche ſans votre
» participation, eſt que ſurement votre
» amitié pour lui l'auroit empéché de
» partir ; qu'il n'auroit pu ſe réſoudre
» à déſobéir aux ordres d'un pere &
» d'une mere ſi tendres ; qu'ayant un
» penchant ſi violent pour le ſervice,
» il n'avoit pu s'empêcher de partir ſans
» vous faire part de ſon deſſein ; mais
» qu'il comptoit que je ferois ſa paix
» avec vous , maintenant que la choſe
» eſt faite. . . . . J'arriverai à la Ville
» dans un ou deux jours. En attendant,
» j'eſpere que votre bon ſens , & l'opi-
» nion générale qu'il ne ſe donnera au-
» cune bataille cette campagne, & qu'ain-
» ſi notre pauvre George ne courra pas
» plus de danger là qu'il ne feroit ici,
»s vous réconciliera ainſi que la tendre

» Madame Stanley, avec un évenement
» que toutes les inquiétudes du monde
» ne peuvent maintenant changer ».
Je suis, &c.

SAMUEL SLIMS.

Il n'est guere possible d'exprimer les
mouvemens d'une mere qui apprend
qu'un fils, qu'elle aimoit si tendrement,
est exposé, sinon aux dangers, du moins
à tous les inconvéniens d'une guerre,
tandis qu'elle le croyoit tranquille & en
sureté dans les murs d'un Collége. Cependant il y avoit dans cette lettre, une
ou deux expressions qui heureusement
répondirent au but de cet honnête homme. Il sçavoit que les raisonnemens,
quoique justes, ont rarement de pouvoir sur les esprits qui s'affectent avec
facilité de quelque passion : aussi n'avoit-
il pas entrepris de détruire tout-à-fait
leurs craintes & leurs inquiétudes ; mais
il avoit glissé adroitement, & sans aucun dessein apparent, la seule circonstance qui pût donner quelque consolation à ce pere & à cette mere affligés ;
sçavoir, que leur fils ne couroit aucun

danger, & cette finesse opéra à sa satisfaction.

Ces bons parens furent également affligés de cette démarche irréguliere de leur fils ; mais la folie, l'extravagance & le défaut de sa conduite ne leur revinrent alors dans l'esprit à l'un ni à l'autre : tous les deux ne songerent qu'à sa sureté ; rien autre chose ne trouva de place dans leurs pensées. La mere devinant, aux mouvemens qui se passoient dans son cœur, les sentimens de son mari, & voulant lui donner une consolation dont elle avoit besoin elle-même, observa la premiere qu'il étoit vraisemblable qu'il n'y auroit aucune action cette année, & qu'ainsi leur fils n'étoit point en danger. Il s'en falloit bien que cette remarque persuadât le pere, & lui tranquillisât l'esprit ; cependant il sçavoit ce que sa femme devoit souffrir. Pour la soulager, il parut convaincu lui-même, & renchérit sur son observation. Ces deux époux, le cœur rempli de chagrin & d'amertume, étoient résolus réciproquement de se le cacher l'un à l'autre. Cela produisit un si bon effet, que, comme chacun s'étoit proposé de mon-

trer le moins d'inquiétude qu'il pourroit, en préfence de l'autre, & qu'ils
étoient prefque toujours enfemble, aucun d'eux n'eut la commodité de fe livrer à fa propre peine. Ainfi le chagrin
ne prit pas tant fur eux qu'il auroit pu
le faire fans cela ; & chacun travailla
réellement à fe foulager, en cherchant
à procurer du foulagemtnt à l'autre.

CHAPITRE IV.

Où notre Héros figure sous un aspect bien aimable.

SOIT sympathie naturelle, soit quel-qu'autre cause que j'ignore, il est sur que jamais on n'avoit vu deux jeunes gens plus unis que M. Martin & M. Stanley. Tandis qu'ils étoient encore à l'Ecole ensemble, la moindre bagatelle que l'un d'eux pût avoir, il ne manquoit jamais d'en faire part à son ami. Ils étoient tous les deux de même classe, & se faisoient également estimer pour leur diligence & leur exactitude. M. Martin avoit quitté la Pension avant M. Stanley ; mais ils avoient toujours entretenu leur liaison par lettres ; & quand M. Stanley le pere mena son fils à Oxford, le bon témoignage qu'on rendoit en général de M. Martin lui fit accorder bien volontiers à son fils de continuer ses études dans le même Collége, & sous le même Maître que ce jeune homme. Ce fut là que leur amitié de jeunesse

devint

devint une intimité parfaite, lorsqu'ils furent parvenus à l'âge d'homme. Ils n'avoient jamais entr'eux qu'une volonté, qu'une bourse, & les mêmes fortes d'étude. Sir Robert deſtinoit ſon fils pour le Barreau, & M. Stanley ayant jugé que les talens du ſien l'appelloient à une éducation libérale, avoit réſolu de le pouſſer du côté de l'Egliſe. Et en cela, comme en toute autre choſe, Madame Stanley étoit de même avis que ſon mari : elle voyoit qu'il avoit deſtiné ſon fils à cette Profeſſion, comme à celle dans laquelle on eſt moins ſujet à faire un mauvais uſage de ſes talens ; & comme elle avoit un peu plus de feu dans l'imagination que ſon mari, elle pouſſoit plus loin que lui ſes eſpérances. Elle ſçavoit que ſon fils avoit des qualités, & elle eſpéroit que l'importance même de ſes talens l'éleveroit aux premieres dignités de l'Egliſe, ſans qu'il eût beſoin de les étayer par une adulation baſſe & ſervile. L'unique vue de M. Stanley étoit de l'établir à la campagne, dans un petit bien que ſon pere lui avoit laiſſé, qu'il avoit preſque doublé depuis ſon mariage par une acquiſition, & dont le bénéfice, qui ne valoit pas plus de 160 livres sterlings, étoit à sa disposition. Il étoit situé dans un païs fort agréable, & entouré d'un voisinage assez gracieux, sans être fort étendu. On sera peut-être surpris que M Stanley fût si satisfait des talens de son fils, lui qui n'avoit d'autre intention que de le fixer à un petit bénéfice de campagne. Mais outre qu'il avoit peu d'ambition, il pensoit qu'un homme de mérite peut être d'une grande utilité, & que les talens sont très-dignement employés au soin d'un troupeau de campagne, quand le Pasteur fait son devoir : en cela il pouvoit paroître un peu singulier, quoique je pense qu'il n'avoit pas absolument tort. Il n'avoit de plus qu'un autre enfant, & c'étoit une fille, de sorte qu'après lui avoir assuré une bonne dot, il pouvoit bien laisser à son fils un revenu de sept cens livres sterlings, ce qu'il jugeoit bien suffisant pour procurer à un homme de probité & de bon sens, tout ce qu'il peut raisonnablement desirer.

Telles étoient les vues que Sir Robert & M. Stanley avoient pour leurs fils ; ceux-ci sentirent que ce sistême les sépareroit néceffairement. Quant à entrer dans l'Eglife, aucun des deux ne s'y fentoit beaucoup de goût : leur inclination ne les portoit guere non plus au Barreau. Ce que la chaleur de leur amitié leur faifoit defirer ardemment, étoit d'embraffer un genre de vie qui pût les mettre en fituation d'agir de concert, & de s'aider mutuellement l'un l'autre : où pouvoient-ils la rencontrer cette pofition, fi ce n'eft dans le métier de la guerre ? C'étoit là auffi que les portoit leur penchant naturel ; & tout, jufqu'à leurs lectures, les excitoit à fuivre ce penchant.

Quand ils voyoient Alcibiades avoir evidemment obligation de la vie à la bravoure de fon ami Socrate ; & ce même Socrate enfuite ramené fain & fauf, dans une déroute générale, par le courage du brave Alcibiades, ils eftimoient ces amis heureux d'avoir rencontré de pareilles circonftances pour faire briller leur amitié. Entendoient-ils dire que Sarpedon encourageoit Glaucus fon ami & fon compagnon de guerre ? leur courage fe fentoit animé par fon exhortation. S'ils fuivoient Nifus & Euryale dans leurs aventures nocturnes ; leur égalité d'âge, leur propre amitié vive & ferme, leur soif ardente pour la gloire, sembloient trouver dans l'histoire, la route qu'ils avoient à suivre, & ils étoient honteux de n'être point déjà dans le service. S'ils entendoient le même Nisus reclamer comme un droit, la mort qu'il voyoit préparer à son ami, & s'abandonner courageusement, quoique hors d'état de l'empêcher, pour le venger ou partager son fort ; . . toutes les fois qu'il leur tomboit de pareils passages sous la main, il n'est pas possible de décrire l'effet prodigieux qu'ils produisoient dans leur esprit. Jeunes, ardens & sensibles, ils lisoient beaucoup, & les lectures leur fournissoient chaque jour, des traits frappans d'amitié qu'ils desiroient d'imiter. Ainsi, enflammés du desir de la gloire, & animés par leur amitié, ils résolurent de prendre le parti du service ; mais cette résolution étoit plus facile à former qu'à mettre en exécution.

Sir Robert, pere du plus âgé de ces deux jeunes gens, avoit servi lui-même dans sa jeunesse, & n'avoit abandonné cette profession, que parce qu'on n'avoit

pas récompensé son mérite à son goût.
Il avoit conçu depuis une si grande aver-
sion pour le nom de soldat, qu'il eût
mieux aimé voir son fils manquer de
tout peut-être, que de le sçavoir Officier ; dût-il, en prenant ce parti, acquérir une fortune considérable & la plus
haute réputation. Le fils n'ignoroit pas
cette antipathie de son pere ; aussi pensa-
t-il qu'il demanderoit en vain son consentement, & qu'ainsi il ne falloit pas l'informer de son projet. De son côté, notre
héros ne comptoit pas plus sur l'approbation de son pere ; & quand il auroit
pu l'obtenir, il sçavoit que sa mere
s'opposeroit certainement à un dessein
qui pouvoit traîner à sa suite tant de
dangers. N'allez pas supposer pour cela,
Lecteurs, que Madame Stanley eût pour
lui cette affection folle que nos Dames
ont pour leurs sots enfans gâtés, sans
autres raisons que de faire paroître la
tendresse aveugle de leurs cœurs ; par ce
moyen, le petit Monsieur ne va ni à l'E-
cole ni au Collége, parce que la maman
ne sçauroit vivre sans l'avoir toujours devant ses yeux. Non, Madame Stanley
avoit pour son fils un amour réel & bien

fondé ; mais cet amour ne lui avoit jamais fait perdre une heure de tems. S'il eût été deſtiné de longue main pour le métier des armes, elle ne s'y feroit jamais oppoſée, ni ne l'auroit détourné de faire une campagne. Malgré ſes inquiétudes pour ſa fureté, elle auroit préféré ſa réputation à tout autre égard perſonnel ; mais ce n'étoit point là le cas : ſon pere l'avoit deſtiné de bonne heure pour l'Egliſe ; ſon éducation avoit été dirigée de ce côté-là : ſon propre bon fens, & les diſcours habituels de ſon mari, lui avoient appris que chaque état, chaque rang dans la vie, a ſes devoirs à remplir ; que ce n'eſt point à un ſoldat de prêcher, ni à un Théologien d'aller à la guerre, & qu'alors chacun d'eux ſort de ſon état ; du moins c'étoit l'opinion de Madame Stanley : elle pouvoit peut-être bien, par le paſſé, l'avoir dit auſſi à ſon fils ; car comme c'étoit plutôt par déférence pour les volontés de ſon pere, que par ſon propre choix, que Stanley ſe préparoit à entrer dans les Ordres, il eſt aſſez vraiſemblable qu'il pouvoit avoir fondé ſa mere, avec qui il étoit beaucoup plus libre ; mais ſurement il n'avoit trouvé de sa part aucune sorte d'encouragement pour quitter une profession à laquelle son pere le destinoit. Nos jeunes gens se trouvant donc dans les circonstances qu'on vient de dire par rapport à leurs familles, résolurent de ne point consulter leurs parens, de n'agir qu'à leur tête, & de tenter fortune.

CHAPITRE V.

Si le Lecteur se trouve un peu lassé dans ce Chapitre, qu'il n'en soit pas surpris; il est naturel d'être fatigué après un long voyage, & il en a un fort long à faire pour accompagner nos jeunes gens.

IL y a une chose communément nécessaire en route, dont le défaut étoit, je crois, la seule raison qui retardoit maintenant nos Voyageurs : or cette chose, c'est l'argent. Mais cet obstacle étoit moins difficile à lever pour eux que pour tous les autres jeunes gens de l'Université ; car quoiqu'ils vissent assez de compagnie pour ne point être regardés comme de pauvres Ecoliers près de leurs piéces, ils faisoient cependant peu de dépense mal à propos : on les voyoit rarement lambiner dans les Caffés, battre le pavé dans les rues & les promenades ; en un mot, ils étoient tous deux fort vifs, de bonne humeur, & se réjouissoient autant que de jeunes gens doivent le faire ; mais aussi ils perdoient moins de tems que ne font fouvent tous les autres : il en réfultoit pour eux un triple bien ; ils en avançoient davantage ; ils étoient plus eftimés de leurs compagnons, & enfin, ce qui étoit maintenant d'une grande conféquence, ils étoient fort confidérés de tous les Marchands ; car ne prodiguant ni leur tems ni leur argent, ils s'étoient trouvés en état d'acquitter leurs petites dettes à jour marqué ; ainfi leur crédit n'en avoit pas fouffert, puifqu'à peine en avoient-ils fait ufage. En ufer à préfent, c'eft ce qu'ils ne pouvoient faire fans éprouver quelques petits remords, fur tout notre héros, dont le pere joignoit à toute la probité que doit avoir un Gentilhomme, cette ponctualité & cette exactitude qu'on trouve réellement dans un Négociant, & fur toute chofe, qui haïffoit le nom d'*emprunteur*. Son fils avoit appris de lui à regarder l'emprunt comme une efpece de honte, de forte qu'il ne pouvoit s'y déterminer fans quelque regret ; mais il étoit fi convaincu de la nobleffe de fon projet, que malgré fon éloignement pour les emprunts, il réfolut d'amaffer la plus forte fomme qu'il pourroit. . . . .

Que tout homme sage qui lira ceci,
(& j'espere qu'il y en aura beaucoup,)
consulte son propre cœur, & qu'il voye
s'il n'a pas toujours rencontré des raisons
assez fortes pour s'autoriser lui-même à
faire tout ce qu'il s'étoit mis en tête d'entreprendre ; & s'il n'en a pas trouvé,
alors peut-il condamner le pauvre George
de s'être endetté contre sa conscience,
pour se mettre en situation d'exécuter
une fantaisie à laquelle il étoit fortement
attaché. Ils n'eurent pas de peine à amas-
ser autour de cent livres sterlings, outre
qu'ils avoient acheté à crédit fort cher
de mauvaises armes, comme pistolets,
&c. Ils prirent la poste pour le païs de
Stafford, comme s'ils alloient chez Sir
Robert ; mais bientôt, changeant de
route, ils tournerent vers Londres, où
ils arriverent le soir même. Ils connoissoient assez la Ville tous les deux ; mais
ils n'avoient jamais été leurs maîtres
quand ils y étoient allés ; cependant ils
ne furent pas tentés de s'y amuser. Uniquement occupés, comme ils l'étoient,
de leur expédition, ils n'y séjournerent
qu'autant qu'il le fallut pour se fournir
de certaines choses, qu'ils n'auroient pu

se procurer si bien ni si secretement à Oxford.

Ils se rendirent droit à Harwich, & de-là traverserent à Helvoet - Sluys : il est vrai qu'ils payerent pour la traversée un peu plus cher que n'auroient fait des gens plus expérimentés. Quoi qu'il en soit, le passage fut heureux, & quelques jours après, ils arriverent un peu fatigués, mais fort satisfaits, à un petit Village qui n'étoit éloigné de l'armée que de quelques lieues. Ils jugerent à propos de s'y arrêter pour tenir conseil entr'eux, & dresser leur plan d'opération. Ils avoient déjà dépensé près de vingt livres, & il leur en restoit encore soixante-dix, *ce qui leur paroissoit suffisant pour durer jusqu'à ce que leur mérite leur procurât à chacun une commission.* Il vint dans l'idée à M. Martin qu'il avoit à l'armée un oncle dans un grade fort avancé, & ils hésiterent s'il ne seroit pas à propos de s'en faire connoître ; mais il se rappella que ce Gentilhomme & son pere étoient brouillés ensemble, ainsi ils résolurent de ne compter que sur leur propre mérite ; &, de crainte qu'il ne se rencontrât quelque parent, ami ou connoiſſance de leurs familles qui pût traverſer leur deſſein , ils voulurent paſſer pour freres , ſous le nom de Robert.

Tandis qu'ils ſe repoſoient dans ce Village , un drôle couvert de haillons qui ſervoient à peine à cacher ſa nudité , leur demanda l'aumône en Anglois. En tout tems ils étoient portés à ſecourir les pauvres ; mais un Compatriote nud , mourant de faim , & dans une terre étrangere , ne pouvoit manquer d'exciter leur pitié. Ils lui donnerent de l'argent , lui firent fournir à manger , & lui demanderent comment il pouvoit ſentir une armée d'Anglois ſi proche ſans aller la joindre ? Ce garçon qui , au tour que prenoit la converſation , apperçut qu'ils alloient la joindre eux-mêmes , voyant que c'étoient de jeunes gens , ne chercha point à s'excuſer de n'y être point déjà ; il leur fit mille proteſtations qu'il ſe trouveroit bien heureux s'il pouvoit aller ſoit à l'armée , ou par-tout ailleurs , au ſervice de deux jeunes Gentilhommes ſi aimables. Il ne manqua pas de leur faire ſentir qu'ils auroient beſoin d'un Do-meſtique , & combien il pourroit leur être utile ; en un mot , ſoit que par un peu de vanité, ils crurent qu'un Domeſtique leur donneroit un certain air de conféquence, ſoit defir de ſoulager leur Compatriote, ſoit tous ces deux motifs enſemble, c'eſt ce que je ne puis aſſurer, mais ils dirent à ce garçon qu'ils l'auroient pris volontiers à leur ſervice s'il eût été un peu vêtu. Comme c'étoit là leur unique objection, ce garçon l'eut bientôt écartée, en diſant qu'il avoit un homme de connoiſſance qui, s'ils le jugeoient à propos, lui fourniroit pour peu de choſe un habit verd retourné, doublé de rouge, & preſque auſſi bon que neuf. Ces Meſſieurs y conſentirent, & ayant payé pour cet habit à bon marché, preſque auſſi bon que neuf, qui montroit la corde, & avoit plus de vingt pieces, à peu près autant d'argent qu'un neuf auroit coûté, ils partirent eux & leur nouveau Valet Jerry, & étant arrivés de bonne heure aux gardes avancées du camp, ils furent conduits au Commandant de ce quartier, à qui ils ſe donnerent pour deux freres qui, ſans protection, avoient quitté leur païs pour venir chercher fortune à l'armée. Ils avouerent qu'ils n'y avoient point d'amis, mais qu’ils espéroient que leur bonne conduite leur serviroit de recommandation. En effet, leurs façons, leur âge, leur figure les annonçoient assez bien : le plus âgé des deux n’avoit pas vingt-deux ans ; joignez à cela que tous deux étoient grands, avoient un air décent & honnête, & une phisionomie fort agréable : ils parloient peu, & ce peu encore étoit du ton le plus modeste. Ils firent entendre au Général qu’ils ne vouloient absolument être dispensés d’aucuns des devoirs des simples soldats : tout ce qu’ils espéroient étoit que le zéle & le courage avec lesquels ils s’en acquitteroient garantiroient en quelque maniere leur bonne conduite future dans un poste plus élevé. Le Général étoit un vieux soldat plein d’expérience, dont le caractere étoit vif, les manieres simples & le cœur honnête & bon : il fut charmé de la démarche de ces jeunes gens, dit qu’il veilleroit sur eux lui-même, & jura que s’ils se comportoient bien, ils trouveroient en lui un bon ami. Il tenoit table ouverte, & leur donna une espece d’ordre d’amitié d’y venir, & sur-tout d’y manger ce jour-là même. Alors ils se retirerent ; & étant revenus à l'heure du dîner , le Général les préfenta à plufieurs Officiers , & entr'autres à un certain Colonel Maurice. Dès que Martin entendit prononcer ce nom , il jugea que c'étoit fon oncle : cependant il le falua fans faire paroître aucun trouble au dehors , quoiqu'en lui même il ne fût pas peu embarraffé. Le dîner fe paffa avec affez de gayeté & de bonne humeur : nos deux freres , à la grande fatisfaction du Général , demanderent d'être mis en fonctions. Le vieux Général , qui avoit l'ame honnête & franche , fut porté à donner un plein effort à tous les mouvemens généreux de fon propre cœur , qui lui infpiroit toujours de protéger le mérite , quoique dénué de rang & de fortune. Le courage de nos jeunes gens lui parut une preuve de ce qu'ils valoient ; il réfolut dès - lors d'être leur ami , & les prit auffi-tôt fous fa protection.

CHAPITRE VI.

Le monde eſt rempli de haut & de bas.

LE vieux Général obſervoit nos jeunes gens de fort près ; & leur conduite fut telle, qu'il en fut très-content. Jamais ils ne manquoient à leur devoir ; & lorſqu'ils étoient ſortis de ſervice, on les voyoit toujours avec les Officiers de la Compagnie dont ils eſpéroient pouvoir le plus profiter : car ils avoient penſé que la converſation ordinaire des Officiers devoit rouler ſur la maniere d'attaquer ou de défendre un poſte, de faire ſubſiſter une armée, de ſecourir une place, & ſur divers autres points intéreſſans de l'art militaire. Ils furent un peu ſurpris d'abord de trouver que la différence des modes d'Angleterre & d'Allemagne, la maniere de former des intrigues de côté & d'autre, les diverſes ſortes de femmes qu'ils avoient rencontrées, & mille autres ſujets auſſi intéreſſans, étoient la matiere la plus ordinaire de leurs converſations. Tout fréquent que fût ce défaut , il s'en falloit bien qu'il ne fût univerfel : il fe trouvoit des gens , même en affez bon nombre , qui avoient bien des connoiffances , & dont le jugement étoit auffi folide & l'efprit auffi vrai dans les affaires de la guerre , qu'on pouvoit le defirer de gens à qui on confie la défenfe & l'honneur de leur païs. Tel étoit le vieux Général à qui notre héros & fon ami furent d'abord adreffés : c'eft à quelques autres Officiers à peu près femblables qu'il eut foin de les préfenter ; de forte que , quoiqu'ils paffaffent de tems en tems quelques heures avec les petits-maîtres propres à leur apprendre à figurer auprès de nos Dames en Angleterre, ils employoient la plûpart de leurs momens de loifir avec ceux dont l'exemple & les difcours pouvoient les inftruire dans l'art de commander.

Nos jeunes gens furent fi exacts fi conftans à remplir leurs devoirs, & fi attentifs à acquérir les connoiffances de leur métier , & chacun, en les careffant , fembloit fi convaincu de leurs bonnes intentions , qu'ils paffoient leur tems agréablement , & attendoient de

jour à autre une commiſſion dans l'armée.

Il ſurvint cependant une choſe qui ne
leur fut pas fort agréable. Le vieux Général, leur ami, eut ordre de ſe tranſ-
porter dans une des Cours d'Allemagne
pour les affaires du Roi. Avant de quitter l'armée, il envoya chercher ſes enfans, c'eſt ainſi qu'il appelloit George
& ſon ami : il leur dit que ſon abſence
ne ſeroit pas longue, & que s'ils conti-
nuoient à ſe bien conduire juſqu'à ſon
retour, la premiere choſe qu'il feroit en
arrivant, ſeroit de les pourvoir. Ils furent trés-mortifiés de le perdre, même
pour peu de tems; mais, ſatisfaits de
cette promeſſe obligeante, ils ſe conſo-
lerent par l'eſpérance de le revoir bientôt. Il ne fut pas plutôt parti, qu'ils
s'apperçurent qu'on ne leur faiſoit plus
tant de careſſes. La grande eſtime que
le Général Ironſide faiſoit d'eux, en leur
procurant des civilités de tout le monde,
leur attiroit auſſi l'envie de beaucoup de
gens; il s'en trouvoit même qui taxoient le
Général de vieux capr cieux, de ce qu'il
montroit tant d'égards à deux jeunes
gens qui venoient, je ne ſçais d'où, &

que perſonne ne connoiſſoit. Cependant, comme chacun les traitoit poliment, & que l'on n'avoit aucun ſujet d'être mécontent d'eux, ni de leur conduite depuis leur arrivée à l'armée, ils paſſoient leur vie avec aſſez d'agrément & de plaiſir : il eſt vrai que de tems à autres, certaines réflexions ſur le chagrin que cette démarche devoit cauſer à ſon pere & à ſa mere, venoient troubler la ſérénité parfaite avec laquelle le jeune Stanley auroit vécu ſans cela ; mais comme il avoit écrit tout en arrivant à ſon tuteur, il eſpéroit que cet honnête homme auroit tranquilliſé leurs eſprits, & modéré leur crainte ; ainſi , tout bien examiné , il étoit aſſez content.

Stanley & ſon ami eurent bien-tôt une occaſion de ſe ſignaler dans un détachement : ils s'y comporterent ſi bravement, qu'on ne parloit que d'eux dans toute la troupe. Au retour, étant enſemble à ſe promener & à ſe réjouir de leur bonne fortune de cette journée, qui leur avoit donné tant de témoins de leur bravoure, ils formoient le plan de leur future conduite, pour le tems qu'ils ſeroient Officiers ; car ils étoient bien ſûrs qu'avant peu, ils auroient chacun une commission. Leur ambition même ne se bornoit pas là; ils espéroient, par leur bonne conduite, mettre leurs Supérieurs dans la necessité de les avancer de plus en plus; & déja, leur imagination les élevoit jusqu'au grade d'Officiers Généraux, lorsque, précisément comme ils prenoient le Bâton..... un Sergent, à la tête de sa garde, vint demander leurs épées, & s'assurant d'eux, les conduisit au Commandant du quartier. Hélas! ce n'étoit plus leur vieil ami. Arrivez devant le nouveau Commandant, il leur demanda d'un ton brusque, qu'elle affaire les avoit amenés à l'armée; ils lui dirent leur ancienne histoire, qu'ils étoient Anglois, & freres, qu'ils avoient quitté leur pays pour venir servir dans l'armée, & qu'ils en appelloient à tous ceux qui les connoissoient, pour rendre témoignage de la conduite qu'ils avoient tenue depuis qu'ils étoient au camp. Ils firent mention aussi des bontés & de l'estime qu'avoit pour eux le Général Ironside; mais le Commandant les arrêta tout court, en disant : » Eh bien, jeunes gens ! vous » êtes Anglois, je le crois; vous n'en

» êtes que plus criminels de venir fervir
» d'efpions contre vos compatriotes ; ce-
» pendant vous êtes jeunes, ainſi je ne
» vous traiterai pas auſſi févérement que
» le mérite un tel crime ; je ne vous fe-
» rai pas pendre fur le champ ; je vous
» donne cette nuit pour y refléchir. Si
» vous avouez le fait bonnement, nette-
» ment, & fans détour demain matin ;
» peut-être, cet aveu pourra-t-il vous fau-
» ver la vie.

Enſuite, il ordonna de les garder cette
nuit féparément, & fous une bonne ef-
corte. On peut juger de l'inquiétude &
des regrets que doivent reſſentir de jeunes cœurs qui, convaincus intérieurement de ce qu'ils valent, dont ils font
tout fiers, fe voyent cependant accuſés ſi
indignement. Laiſſons-les un peu, pendant ce tems, nous allons raconter les cau-
fes de leur infortune.

CHAPITRE VII.

*Où l'on donne des conseils aux Juges, gra-
tis, & sans y être engagé par aucune circonstance qui naisse de cet Ouvrage.*

NOs jeunes gens avoient plusieurs
fois eu des raisons de suspecter la
probité de leur Valet ; mais, depuis
quelque tems, leur caisse étoit si mince,
qu'il n'étoit pas possible de ne pas appercevoir la trace des doigts de Jerry, toutes les fois qu'il y touchoit : & c'est ce
qu'il ne manquoit jamais de faire, quand
il en trouvoit l'occasion. Il est vrai qu'ils
n'étoient guere en état de garder un Domestique ; un peu de vanité les empêchoit d'abandonner le train qu'ils avoient
pris d'abord ; mais la médiocrité de leurs
fonds, & la coquinerie de Jerry, les
obligea enfin de s'en défaire. En le faisant, ils ne purent s'empêcher de lui insinuer qu'ils le connoissoient pour un
grand misérable. Or, il est bon d'observer que de tous les hommes, il n'y en a
point qui se sentent plus offensés que les

coquins décidés, quand ils voyent foup-
çonner leur probité ; & à moins que le
Lecteur ne prenne cette maxime pour la
fource de tout ce qui fuivit, il faut en
abandonner la recherche aux Philofo-
phes à venir ; pour moi, voici comment
je l'explique : Si nous allions maintenant
au combat tous tant que nous fommes,
avec la certitude d'être invulnerables,
comme faifoient les Héros de l'Anti-
quité, quelle férénité ! quel calme n'é-
prouverions-nous pas au milieu du bruit
& du ronflement du canon ! mais fcachant
bien que notre chair eft pénétrable, &
que les balles peuvent la percer, il ne
faut pas s'étonner fi quelques-uns de nous
de tems en tems ne feroient fort charmés
de les entendre fiffler à nos oreilles.
Etes-vous donc affez neuf, mon cher
Lecteur, pour que je fois obligé de faire
moi-même l'application, & de vous dire
qu'un homme vraiment honnête, qui
connoît l'intégrité de fon propre cœur,
& la droiture de fes actions, compte que
la probité de fa vie & de fes mœurs, fuf-
fifent pour écarter toutes les mauvaifes
imputations ! Faut-il vous dire auffi que
le coquin qui fçait qu'il manque de cette

défense naturelle, un cœur bon & droit, qui est véritablement un présent du Ciel, cherche à se couvrir de cette cuirasse brillante d'invention humaine, une impudence d'airain, & une pétulance bruyante; c'est le parti que prit Jerry. Il ne sçut pas plutôt que l'on soupçonnoit sa probité, qu'il cria haut & devint effronté, demandant des preuves, ou une réparation. Martin, d'un grand sens froid, s'abaissa jusqu'à rappeller certains faits trop visibles pour les pouvoir nier, & en même tems, menaça de le mettre entre lés mains du Grand-Prévôt, s'il ne s'en alloit sur le champ; c'est ce qu'il fit, mais le cœur plein de fiel, de colere, & d'un desir ardent de se venger. Le Diable, en même tems, vint au secours de sa mémoire; il se rappella certains discours qui leur étoient échappés, d'où il conjectura qu'ils n'étoient pas freres réellement: il en conclut qu'il y avoit quelque mystere dans leur conduite. Il avoit pris garde aussi que les marques de leur linge ne répondoient pas au nom qu'ils s'étoient donnés. De plus, un matin qu'ils venoient de rendre visite au Colonel Maurice, il avoit entendu dire à Martin

tin quelque chofe d'approchant de ceci :
« Qu'il croyoit bien que le Colonel ne
» les auroit pas fi bien reçus, s'il eût fçu
» qui il étoit ». Jerry penfa qu'en ajoû-
tant beaucoup de chofes fauffes à quelques vérités, il donneroit contre fes Maîtres des informations telles, qu'en même
tems il fe vangeroit d'eux, & feroit paffer quelqu'argent dans fa poche, comme une récompenfe de fa dénonciation.
Il n'ignoroit pas les murmures qu'on
avoit répandus contr'eux, & que bien
des gens avoient blâmé le Général Ironfide avant fon départ de l'armée, des
égards qu'il avoit marqués pour ces jeunes gens. Tout cela encouragea notre
faux accufateur. Il alla donc trouver
l'Officier Général Commandant, & dé-
pofa : « Qu'il avoit vu les deux perfon-
» nes connues fous le nom de Robert,
» avant qu'ils vinffent au Camp, &
» qu'ils étoient en compagnie de deux
» autres hommes qui avoient l'air d'être
» des Officiers François ; qu'ils étoient
» venus à tel Village fuivis de deux do-
» meftiques, qu'ils avoient renvoyés auf-
» fitôt : qu'ils l'avoient pris à leur fervice ;
» & qu'il ne les avoit jamais vus avant ce

Partie I.   C

« jour-là : qu'il leur avoit entendu dire
» des chofes qui prouvoient qu'ils n'é-
» toient point freres. Il n'oublia pas de
» répéter ce qu'avoit dit le jeune Gré-
» goire en revenant de chez le Colo-
» nel Morrice : & qu'enfin tout cela lui
» faifoit croire qu'ils étoient efpions,
» d'autant plus qu'il leur avoit entendu
» dire (ce qui étoit un menfonge im-
» pudent) qu'il étoit tems de s'en aller,
» maintenant qu'ils avoient fait leur af-
» faire ».

Si l'Officier les jugea réellement des
efpions, c'eft ce que je ne puis pas affurer ; mais il y avoit dans la déclaration
que ce drôle avoit faite & confirmée avec
ferment, des chofes qui annonçoient du
myftère dans leur conduite : auffi furent-
ils arrêtés, comme on l'a vu. Comme ils
ne pouvoient deviner fur quel fondement on les foupçonnoit d'un crime qu'ils
déteftoient de tout leur cœur, ils pafferent la nuit la plus fàcheufe. Ils avoient
vu la mort devant les yeux fans la
craindre ; mais l'idée de mourir comme
les plus méchans & les plus vils des hommes , la leur faifoit envifager comme
bien différente de ce qu'elle leur avoit

paru, quand ils l'avoient vue à travers le miroir brillant de l'honneur & de la gloire : car, Lecteur, vous n'avez pas lu bien avant dans le livre du cœur humain, si vous croyez que la vertu & l'innocence puissent soûtenir même les plus braves dans certaines circonstances déshonorantes. Croyez-moi, le même homme qui défieroit la mort à l'embouchure d'un canon, ou, ce qui est peut-être encore plus fort, qui la verroit, sans jetter un soupir, environnée de tout l'appareil terrible de la loi, lorsqu'un point d'honneur imaginaire le conduit sur un échafaud, ce même homme sera abattu, & se livrera tout-à-coup au désespoir, quoique couvert du manteau de l'innocence & de la vertu, s'il voit une populace irritée l'insulter, en le prenant pour un voleur. Ne soyez donc pas surpris si nos jeunes soldats qui auroient bravé la mort avec courage, sous quelque forme que ce puisse être, les armes à la main, furent atterrés de la rencontrer sous le titre d'espions. Il leur vint pendant la nuit, de fréquens messages de la part de ceux qui avoient entendu de bons témoignages de leur conduite, dans les petits détachemens où ils s'étoient signalés, & qui étoient témoins de la maniere dont ils se comportoient dans la Compagnie ; il leur venoit, dis-je, des meſſages fréquens pour les ſolliciter à tout avouer, avec promeſſe de les ſervir, s'ils agiſſoient ſincérement. Ç'auroit été une ſorte de conſolation pour des gens criminels, mais pour des hommes parfaitement innocents, cette invitation ne faiſoit qu'augmenter leur chagrin, en leur faiſant connoître qu'on les croyoit univerſellement coupables. C'étoit la ſeule choſe capable d'aggraver leur peine : cela paroîtra peut-être un peu étrange ; mais je ſuis perſuadé que l'innocence réelle d'un homme, ou ſon crime actuel, n eſt pas ce qui communément l'abſout ou le condamne dans la bouche des hommes. Selon le tempérament, l'inclination ou le caprice des premiers relateurs, une Hiſtoire ſe trouve changée ou altérée, & le cri du Public ſe trouve mal dirigé. On ajoûte certaines circonſtances, on exagere, & il ſe trouve que l'on condamne comme coupables, des gens qui ne ſont que malheureux ; ou bien on obmet certains points d'une affaire : tout le reſte eſt

adouci ; & ainſi un miſérable qui mérite
d'être déteſté, ſe trouve l'objet de notre
compaſſion, peut-être même de notre faveur. Le caprice a part en ceci comme
en toute autre choſe ; je ne parle ici que
des diſcours vulgaires, du langage du
peuple, & des diſeurs de nouvelles. Il
en eſt ſans doute tout autrement dans
nos Tribunaux de juſtice. Il y a pour
lors douze perſonnes remplies de candeur
& d'équité qui, à ce que je penſe, ne ſe
déterminent jamais que ſur des faits bien
prouvés ; cependant ſi un homme a prêté
l'oreille à quelques diſcours courans,
j'ai bien peur qu'il ne lui ſoit pas aiſé
dans la ſuite, d'examiner & de juger des
faits d'une maniere impartiale. Je crois
que nos Jurés ſont véritablement d'honnêtes gens, & qu'il n'y a guère d'exemples que quelques-uns d'eux ſe ſoient laiſſé corrompre à force d'argent ; mais un
innocent n'en eſt pas moins expoſé à
ſouffrir mal-à-propos, ou un coupable
à échapper des mains de la Juſtice, ſoit
que le Juge ſe ſoit laiſſé entraîner par l'o-
pinion générale, ou corrompre par l'appas de l'or. Je ne ſuis pas ſûr que cette
réflexion ſoit bien placée ici, ni qu'elle

revienne bien à mon ſujet ; car les délin-
quans militaires ne peuvent pas réclamer ce gage de la liberté , qui conſiſte à
être jugé tout ouvertement , & avec le
conſentement unanime de douze de leurs
Pairs pour les condamner. Mais ce que
j'ai dit, n'eſt pas moins juſte à mon avis :
ainſi je le laiſſe pour l'avantage de mes
Lecteurs qui ſont Jurés, eſpérant que
tous les hommes vrais & honnêtes de ce
Royaume liront ceci : & pour ne pas convenir que cela eſt étranger à mon ſujet,
je penſe qu'il pourra ſervir à montrer
comment mes jeunes Gentilshommes,
tout remplis qu'ils étoient de courage ,
de probité & même d'intrépidité , auroient pu être jugés capables d'une action
auſſi baſſe & auſſi indigne que celle de
trahir leur patrie. Ce n'avoit pas été ſans
beaucoup de peine que l'on avoit ſouffert
la bonne réputation que ces jeunes gens
s'étoient acquiſe forcément par leur bonne
conduite & leur bravoure : actuellement
que l'on avoit quelque priſe ſur eux , chacun ſe trouvoit fortement incliné , ſans
ſçavoir pourquoi, à penſer ſur leur compte , tout le mal que le dernier des miſéra-
bles auroit pu mériter , d'autant plus

qu'on avoit été forcé auparavant à en parler plus favorablement qu'il n'eſt ordinaire aux gens de le mériter. S'il reſtoit encore quelqu'un qui osât penſer un peu favorablement de nos Héros, ils furent entraînés par le torrent, & n'eurent pas la force de s'y oppoſer. Il y en eut pourtant un petit nombre qui réſolurent de profiter de la moindre occaſion favorable qui ſe préſenteroit , pour rendre ſervice à ces jeunes infortunés.

Le matin arrivé , on fit ſortir George le premier , parce qu'étant le plus jeune , on crut que les menaces ou les belles promeſſes feroient plus d'effet ſur lui que ſur ſon camarade. On aura peine à croire combien un court intervalle de quelques heures avoit fait ſur lui de changement. Cette fleur de jeuneſſe qui brilloit avec éclat la veille ſur ſon teint, avoit alors fait place à un air pâle & abattu. On lui dit bien des choſes pour l'engager à charger ſon compagnon ; & ce ne fut qu'avec peine qu'à la fin il répondit: « Vous » m'ordonnez de dire tout ce que je ſçais » de mon camarade ; ſi j'en ſçavois du » mal, il me conviendroit peu de le dé- » clarer ; mais Dieu m'eſt témoin que,

» quoique je connoisse mon ami parfai-
» tement, je ne sçais rien de lui qui ne
» soit bon & honnête. . . Non, ni moi,
» ni qui que ce soit... Mais quel est notre
» accusateur ? Souvenez-vous, Monsieur,
» je vous prie, que nous sommes An-
» glois aussi bien que vous. Je demande
» à voir l'accusateur ».

On remarquera aussi que l'Officier avoit
eu la précaution de s'assurer de Jerry,
de crainte qu'il n'eût été corrompu par
quelqu'un : on le fit donc paroître à l'instant. Ce malheureux encouragé par la
disposition que tout le monde avoit à le
croire, se présenta avec une effronterie qui
déplut même à ceux qui n'auroient pas
été fâchés de voir périr les deux freres.
» Oui, Monsieur, dit-il, j'ai déclaré que
» vous, aussi bien que l'autre, vous êtes des
» imposteurs & des espions. Premiere-
» ment, il est certain que vous n'êtes point
» freres : en second lieu. . . Arrête mi-
» sérable ! arrête, s'écria George, tan-
» dis que tu n'as encore dit que la vérité.
» Puis s'adressant à l'Assemblée : Mes-
» sieurs, puis-je demander d'être enten-
» du ? ce n'est que pour abréger le tems
» que je fais cette demande. Je ne m'ar-

» rête point à parler de ce coquin que
» nous avons empêché de mourir de
» faim. J'avoue que jufqu'ici il a dit la
» vérité ; nous ne fommes pas freres :
» mon ami eft le plus jeune des fils de
» Sir Robert Martin de.... s'il a fait
» quelque mal en cela, le blâme doit
» retomber fur moi qui l'ai encouragé à
» faire cette expédition fans le confen-
» tement de fon pere ou de fes amis.
» Pour moi, on m'appelle Stanley ; je fuis
» venu ici pour fervir le Roi ; mais il eft
» faux que lui ni moi foyons efpions pour
» l'ennemi. Si ce coquin, ou tout autre
» nous a accufés, c'eft également fans
» fondement ».

Vers la fin du difcours de George,
quelques-uns de ceux qui penfoient mieux
en fa faveur, que le préjugé général ne
permettoit de l'avouer, remarquerent
que Jerry gagnoit infenfiblement le côté
de la porte : l'un d'eux lui donna un
grand coup fur l'épaule, en criant tout
haut : » Où veux-tu aller ? arrête, mal-
» heureux, & dis la vérité ». Ce coup
brufque & inattendu, allarma tellement
le pauvre diable, qu'à l'inftant il fe jetta
à genoux & avoua tout ; de forte que

George & son ami furent relâchés. Mais de retour à la tente, ils trouverent qu'on avoit fait main basse sur leurs effets ; & se virent réduits pour toute chose, à quelques schellings dans leur poche, sans autre linge ni habits, que ceux qu'ils avoient sur le corps. Il est vrai qu'on fit des perquisitions, & qu'on trouva sur Jerry quelques bagatelles, non de ce qui leur avoit été pris, tandis qu'ils étoient aux arrêts, mais de ce qu'il leur avoit volé, & dont ils ne s'étoient point apperçus jusqu'alors. Ce drôle fut fouetté vigoureusement pour cela ; mais quoiqu'il le méritât bien, ce fut une pauvre satisfaction pour eux.

CHAPITRE VIII.

Ainſi va le monde.

IL eſt vrai que perſonne ne regarda plus nos jeunes gens comme des eſpions : ils furent alors déchargés de toute imputation de cette nature ; mais auſſi ils avoient perdu tout ce qu'ils avoient pour ſe ſoutenir. Leur argent étoit dépenſé. Le bon vieux Général, qui probablement les auroit ſecourus, étoit abſent : en un mot, ils ſe trouvoient dans le dernier beſoin. Martin étoit déterminé à tenter la fortune auprès de ſon oncle, qui, à la vérité, leur avoit rendu quelque ſervice dans la derniere affaire, en reconnoiſſant qu'en effet il avoit un parent de ce nom, & que, ſuivant pluſieurs circonſtances, ce jeune homme pouvoit bien être le fils de ſon beau-frere ; mais il ne l'avoit pas fait d'aſſez bonne grace pour donner lieu à ſon neveu de compter beaucoup d'en être ſecouru.

Cependant ils ne furent pas dans la néceſſité de s'adreſſer à lui ; ce matin même le Colonel envoya chercher M. Martin. Ce meſſage fut pôur eux un grand ſujet de conſolation : car quoique leur détreſſe les mît dans la néceſſité abſolue de s'adreſſer à quelqu'un, ils avoient encore une certaine honte honnête, qui leur auroit rendu une telle démarche bien déſagréable ; ils commencerent à concevoir de grandes eſpérances. Ils ne pouvoient qu'applaudir à un homme qui épargnoit avec bonté à ſon neveu, l'embarras de demander, & qui connoiſſant leur fâcheuſe ſituation, avoit de lui-même envoyé chercher le fils de ſon frere.

Tandis que nos jeunes gens ſe félicitent enſemble du plaiſir de voir leurs malheurs prendre fin, le Lecteur me permettra de l'inſtruire de quelques circonſtances qui regardent le Colonel. Il s'étoit marié par amourette, c'eſt-à-dire, que lui-même étant ſans fortune, avoit épouſé une jeune fille riche de 10000 livres ſterlings, & ſœur de Sir Robert Martin ; mais il avoit trouvé de grandes difficultés pour tirer cet argent de Sir Robert, qui n'étoit pas diſpoſé à payer une ſi groſſe ſomme à un ſoldat, & le Colonel n'étoit guère en état de l'y contraindre ; car Sir Robert n'étoit pas affez fol pour fe battre avec lui, ni le Colonel affez riche pour le pourfuivre en Juftice réglée. Il n'étoit pas à beaucoup près, homme à faire des extravagances, mais la néceffité où il s'étoit trouvé d'emprunter pour s'élever au rang qu'il tenoit, avoit fort épuifé fes finances ; de forte que, quoique le Baronnet n'en eût certainement pas bien agi avec lui, ou peut-être ne l'eût pas traité d'une maniere fort polie, le Colonel étoit difpofé à en venir à un accommodement ; d'autant plus que, fi par l'évènement même d'un proces, la fortune de la Dame lui eût été adjugée, certaines circonftances auroient pu fournir encore au frere un prétexte pour ne point s'en défaifir.

Toutes ces raifons firent que la Lettre qu'on va voir, remplit le Colonel d'une grande fatisfaction ; & pour gagner les bonnes graces du Baronnet, il réfolut de faire tout ce qu'on exigeoit de lui. Le jeune Martin ne fut pas plutôt arrivé, qu'il le reçut en ces termes. « Mon ne- » veu, je ne fuis pas homme à beaucoup » de paroles, mais ce que je dis, je ne

» manque pas de le faire. Voici une
» Lettre que j'ai reçue ce matin de votre
» Pere ; il faut vous préparer à quitter
» l'armée ce soir. A l'égard de ce garne-
» ment, par qui votre Pere me marque
» que vous avez été séduit, je me char-
» ge d'en avoir soin ». Il n'est pas facile
de dire ce qui causa le plus de surprise
à Martin, des manieres de son oncle,
ou de la Lettre de son pere, dont voici
le contenu.

Monsieur,

« Vous êtes dans le cas de pouvoir me
» rendre service : si vous faites ce que je
» desire, je consens à accommoder tous
» nos différends à votre satisfaction. Voici
» en deux mots de quoi il est question.
» Mon fils Tom a été séduit par quelque
» drôle de sa connoissance à Oxford : il
» a quitté son Collège, & ils sont allés
» ensemble à votre armée, à ce qu'on
» dit. Pour l'amour de Dieu, tâchez
» de le découvrir, & renvoyez-le moi
» sur le champ. Envoyez-moi ce coureur,
» pieds & mains liés, & qu'il ne reste
» pas un moment de plus à l'armée. Je
» vous rembourserai de toutes les dépen-
» ses que vous ferez pour cela, & je vous

» en marquerai ma reconnoiſſance. Si vous
» pouvez, faites pendre cet autre jeune li-
» bertin ; c'eſt un mauvais ſujet, je vous
» en réponds ; j'en ſerai à la joye de
» mon cœur. Faites tout cela, & de
» mon côté, je ferai tout ce que vous exi-
» gez de moi ; ma parole vaut un enga-
» gement. Vous pouvez compter que
» je remplirai tous vos deſirs. Je ſuis,
» Monſieur, votre affectionné Frere,
Robert Martin.

Je ne puis m'empêcher de remarquer
une manie que Sir Robert avoit de commun avec les autres peres ſages. Quelqu'irrités qu'ils ſoient contre leurs enfans, la vanité eſt encore plus forte que
leur colere ; & ils concluent toujours que
leur enfant n'eſt pas le plus digne de
blâme. Mais je crains bien que cette
obſervation froide ne ſoit mal placée ici,
où celui dont nous parlons, eſt agité
de tant de ſujets divers d'inquiétude. Car
il eſt impoſſible d'éprouver en un moment, plus de trouble & de peine que le
jeune Martin en ſentit alors. Il jura qu'on
avoit fait à ſon pere un portrait peu reſ-
ſemblant ; que c'étoit lui qui avoit dé-
bauché ſon ami, bien loin d'avoir été en-

traîné par ses sollicitations. Il pria, conjura le Colonel d'en avoir pitié; tout cela fut inutile; il étoit résolu de le renvoyer, & ne manqua pas de lui répéter qu'il prendroit soin de son camarade. Martin allarmé pour son ami, dit au Colonel, que si on pouvoit déterminer Stanley à aller avec lui, & qu'on lui fournît tout ce qu'il auroit besoin comme à lui-même, il obéiroit volontiers; mais on lui coupa la parole en disant : Le déterminer à partir aussi, & le fournir de tout comme vous ! n'y comptez point, jeune homme ; car, sur ma parole, il ne fera pas un pas avec vous. Non, non, reposez-vous-en sur moi ; je sçais bien comment le punir, le drôle ! Comment ! le drôle, dit Martin ? Mais il jugea à propos de s'arrêter tout court, & demanda du ton le plus suppliant, qu'on lui donnât quelqu'argent pour secourir cet ami, qui réellement en avoit un grand besoin, & qu'alors il obéiroit sur le champ. Comment ! dit le Colonel, réellement il manque d'argent ! J'en suis vraiment bien aise. Mais vous, jeune Cadet, vous ne le verrez plus, par Dieu ! Je ne le verrai plus, reprit le jeune homme avec vivacité ! & qui pourra m'en empêcher, tant que. . .? En difant cela, il montroit fon épée. Je ne fuis point dans votre Corps, Monfieur, ni fous vos ordres. Arrêtez-moi, Monfieur, fi vous l'ofez. Il prononça ces mots d'un air fi déterminé, que le Colonel ne jugea pas à propos de l'arrêter. Ce n'eft pas que le Colonel fût homme à refufer de fe battre, quand il le falloit réellement ; mais il ne vit point de raifon d'employer fon épée, peut-être inutilement, tandis qu'il y avoit d'autres moyens qui ne pouvoient pas manquer de réuffir.

Il laiffa donc aller Martin trouver fon ami, qui attendoit fon arrivée avec impatience. Il s'étoit lui-même nourri d'efpérances, & avoit remercié la Providence de leur avoir procuré de l'affiftance dans le moment de leur détreffe : mais il fut bientôt détrompé ; & je ne fçaurois dire lequel des deux étoit le plus malheureux. Ils n'eurent pas long-tems à méditer fur les mefures qu'il y avoit à prendre dans leurs circonftances malheureufes ; car on vint encore s'affurer de tous les deux, & les mettre aux arrêts. Le Colonel, fans perdre de tems, s'étoit adreſſé au Commandant en chef, & lui avoit repréſenté qu'un jeune homme, fils de famille, d'une grande fortune, & parent de ſa femme, avoit été ſéduit par un jeune libertin qu'il avoit malheureuſement connu à l'Univerſité : qu'il lui avoit fait quitter ſes études, & qu'ils étoient venus enſemble à l'armée ; qu'après avoir dépenſé tout ce qu'ils avoient, il ſe trouvoit maintenant dans le plus extrême beſoin ; qu'il demandoit donc la liberté de le faire conduire, ſous une bonne eſcorte, juſqu'à la Ville prochaine, pour le renvoyer de-là chez ſon pere, qui étoit fort affligé de ſon abſence. Tout cela lui fut accordé, & nos deux jeunes aventuriers furent mis tous les deux aux arrêts, dans le moment même qu'ils formoient le projet d'aller ſe jetter aux pieds du Commandant pour implorer ſa protection, & en obtenir la permiſſion de ſervir le Roi & leur païs ; mais il étoit trop tard maintenant : le Colonel prit ſoin d'empêcher qui que ce ſoit d'en approcher.

A l'égard du pauvre Martin, dès la nuit même, on le fit partir ſous la garde d'un Sergent ; mais de quelle maniere, & ce qui lui arriva enſuite ? c'eſt ce que nous verrons dans un autre lieu.

Jettons les yeux maintenant ſur notre Héros. Il fut conduit le lendemain matin devant le Colonel Morrice, qui l'accoſta de la maniere ſuivante, quoiqu'il lui eût montré bien des égards à la table du Général Ironſide. » Eh bien ! drôle » que vous êtes ! vous mériteriez d'être » pendu. Cependant, ſi vous avez en- » vie de vous enrôler, je vous prendrai » dans ma troupe. Tenez, pour l'a- » mour de Tom, voilà une demi-cou- » ronne que je vous donne ». George étoit prêt à crever d'indignation & de colere : mais il lui vint dans l'eſprit que la voix de tout le monde étoit contre lui; que s'il ſongeoit à demander ſatisfaction à un homme du rang de Morrice, ce Colonel lui répondroit certainement avec mépris, &, refuſant de le recon- noître pour Gentilhomme, ne voudroit pas lui prêter le collet : que peut-être même il profiteroit de cette conjonĉture pour l'empriſonner & le faire maltraiter. C'eſt pourquoi il ſupprima ſa colere, &, prenant froidement la demi-cou-

ronne, il lui répondit : » Il peut venir
» un tems, Monſieur, où je pourrai
» vous remercier, & vous payer, ainſi
» que je le dois, de cette généroſité &
» du reſte de vos bons traitemens : pour
» le préſent, je crois que je ſuis en li-
» berté de diſpoſer de moi-même ».
Le Colonel fut irrité ; mais n'ayant aucun prétexte valable pour le retenir priſonnier, il ſe détermina à le laiſſer aller ;
& ſi Stanley fut extrêmement mortifié,
le Colonel ne l'étoit pas moins. Mais,
mon cher Lecteur, ſi vous pouvez imaginer ce que c'eſt pour un honnête homme
que d'être accablé & abattu au dernier
point, par une variété ſubite de malheurs
qu'il n'a point mérités, vous aurez ſûrement compaſſion du pauvre George
Stanley. Trois jours auparavant, il étoit
aimé, careſſé, & bien traité par grand
nombre de gens diſtingués, attendant à
chaque inſtant une commiſſion, comme
la récompenſe de ſon mérite ; tout d'un
coup il ſe voit accuſé par un coquin de
domeſtique, de crimes dont il n'avoit
jamais eu la moindre idée. A la vérité,
il en étoit abſous & diſculpé ; mais quand
une fois certaines gens ont eu un prétexte

pour parler mal de quelqu'un, ils ne reviennent guère à la bonne opinion qu'ils en avoient eue d'abord. S'ils n'avoient point de crime actuel à lui reprocher, ils tomboient volontiers fur ce que c'étoit un pauvre garçon fans biens, qui n'avoit fubfifté précédemment que par les bontés du jeune M. Martin, qu'il avoit féduit pour courir une aventure que chacun condamnoit maintenant, & regardoit comme le comble de la folie. La feule imputation d'être un jeune garçon dans le befoin, qui avoit perdu fon foutien, étoit fuffifante pour déterminer les gens à le fuir ; & le Colonel Morrice n'étoit pas le dernier à fortifier cette idée, parce qu'il croyoit qu'elle le juftifioit. Cependant George n'étoit pas même alors fi abandonné que quand il avoit été foupçonné d'être un efpion. Son innocence alors ne fuffifoit pas pour le confoler ; maintenant la connoiffance de fa propre vertu le foutenoit dans fon malheur. Sans amis, dénué de tout, & fans le fol, qu'il étoit, il ne fe laiffoit point abattre. Tous fes anciens amis le fuyoient : on fçavoit qu'il ne lui reftoit plus du tout d'argent.

Il sentoit que cela les rendoit honteux de se trouver en sa compagnie ; &, puisqu'ils le prenoient ainsi, une honnête honte l'empêchoit aussi de rechercher la leur.

C'est pourquoi il quitta ce quartier de l'armée, & passa dans un autre, où il étoit aussi étranger qu'un homme d'une Province qui voyage dans une autre voisine. Il s'y enrôla comme simple soldat, résolu de faire son devoir en cette qualité, jusqu'à ce qu'il eût des nouvelles de l'arrivée du Général Ironside, dont il espéroit que le bon naturel lui feroit prêter une oreille impartiale & sans prévention, à toute son histoire. Il sçavoit bien que ce brave & généreux Commandant ne l'abandonneroit pas, parce qu'il étoit malheureux. Au pis aller, il ne pouvoit qu'attendre qu'il arrivât quelqu'incident nouveau en sa faveur. S'il eût voulu écrire à son pere, il ne doutoit pas que dans l'instant il ne lui fît toucher des secours ; mais il ne pouvoit pas se résoudre à prendre ce parti : c'est pourquoi il se soumit patiemment à porter son mousquet.

CHAPITRE IX.

*Leçon qui apprend aux jeunes gens à se sou-
mettre à leur sort, & à attendre patiemment des tems plus heureux.*

STanley s'enrôla donc dans la Compagnie d'un Officier qu'il ne con-
noilloit en aucune maniere, mais dont
il avoit entendu louer beaucoup le bon
caractere. Il y étoit fort exact à son
devoir, respectueux envers ses Officiers,
& fort civil avec ses camarades. La vie
d'un simple soldat qui est sobre & dili-
gent, ne sçauroit fournir beaucoup de
variété à un Historien. Le Lecteur ne
trouvera donc pas mauvais que nous pas-
fions un peu légerement sur cette partie
de la vie de notre Héros. Nous devons
simplement remarquer qu'il eut un trait
mortifiant de la bonne opinion que son
Capitaine avoit conçue de lui, en ce
qu'il lui offrit une hallebarde, que Stanley
refusa poliment, & d'une maniere qui
n'est pas bien familiere à de simples
soldats. Cet évènement engagea une

conversation entre lui & son Capitaine, qui ne put s'empêcher de lui demander comment un homme aussi bien élevé que lui, pouvoit se rencontrer dans une telle position. George lui raconta toute son histoire ; & il le fit avec tant de simplicité & de franchise, que le Capitaine donna une entiere créance à ce qu'il lui disoit. Il connoissoit assez bien le caractère de Morrice, & quoiqu'il ne voulût pas, dans cette premiere conférence, se lâcher jusqu'à dire que Morrice étoit homme à ne pas manquer de tout faire pour satisfaire sa mauvaise volonté, il donna à George de tels avis, sur le danger qu'il y a pour un jeune homme d'avoir affaire à une personne qui a un rang & du crédit, que George eut tout lieu de voir qu'il lui vouloit du bien & qu'il le plaignoit. Il avoua ingénuement qu'il n'avoit pas grand crédit lui-même, mais que s'il arrivoit quelque chose en quoi il lui pût rendre service, il pouvoit à coup sûr compter sur lui. Ensuite il lui offrit quelqu'argent, & le pria de s'associer avec les Officiers. M. Stanley le remercia beaucoup ; mais il refusa absolument l'argent, & lui demanda seulement, en cas qu'il entendît

parler

parler du retour du Général Ironſide, de vouloirbien lui faire ſçavoir en quelle qualité il ſervoit, & comment il s'étoit conduit dans ſa ſituation. Le bon Capitaine lui promit de le faire. Il n'attendit pas long-tems ; car quelques jours après, ſon Capitaine, en les paſſant en revue, vint à lui dans les rangs, & lui dit : » Monſieur
» Stanley, je ſuis allé ce matin chez le
» Lord Belfont qui ne fait que d'arriver
» à l'armée : il a envie de vous voir ;
» je vous accompagnerai moi - même
» chez ce Seigneur, ſi vous voulez me
» le permettre. Il demande que je vous
» donne votre congé. Soyez aſſuré que
» je ſerois bien aiſe, dans toute occaſion,
» d'obliger ce Lord ; cependant, pour
» cette fois, mon plus grand plaiſir ſera
» à cauſe de vous ». George ne ſçavoit preſque quelle réponſe lui faire ; car il n'avoit jamais entendu prononcer même le nom de ce Lord , & ne concevoit pas pourquoi il s'intéreſſoit ainſi à lui rendre ſervice. Mais il y alla avec ſon Capitaine qui le préſenta, en diſant :
» Milord, un homme qui ſçait ſi parfai-
» tement obéir que l'a fait ce Gentil-
» homme, ſera un des hommes les plus

» propres à avoir du commandement:
» j'ai bien du plaifir à vous le préfen-
» ter, parce que je fçais que vous ferez
» charmé de trouver une occafion de ré-
» compenfer le mérite ». Le Lord Belfont remercia le Capitaine, & demanda
auffi-tôt à George s'il connoiffoit M.
Sims. Oui, Milord, répondit Stanley;
j'ai été confié à fes foins à Oxford. Vous
êtes donc, Monfieur, le Gentilhomme
que je cherche, répliqua Belfont: puis fe
tournant vers le Capitaine : Voulez-vous
bien nous laiffer feuls un petit moment?
j'ai quelque chofe à dire à ce jeune homme ; fi vous dînez chez le Général Ironfide, nous vous y rencontrerons ; il nous
a rejoint la nuit derniere, & j'ai promis
de mener Monfieur Stanley dîner avec
lui. George goûta une fatisfaction inté-
rieure, en apprenant que le vieux Général étoit de retour; mais il n'en dit rien
jufqu'à ce que le Lord reprit : Monfieur
Stanley, j'ai reçu une lettre de M. Sims
notre ami commun. Vous avez été un
peu imprudent, Monfieur Stanley, de
faire une telle démarche fans l'en avertir.
Vous auriez pu, je crois, vous fier à lui ;
car il eft fort honnête homme. Oh! oui,

Milord, répliqua George ; jamais on n’en
a vu un meilleur. A la vérité, je n’aurois
pas dû faire un pas sans prendre ses avis ;
mais je vous prie, Milord, excusez-moi :
sans doute M. Sims parle de mon pere &
de ma mere dans sa lettre ? O ! Milord,
j’ai fait une grande faute de ne pas consulter leur tranquillité plus que je ne l’ai
fait ! Je vous demande pardon, Milord ;
mais, je vous prie, sçavez-vous comment
ils se portent ? Monsieur, répondit le
Lord, une demande aussi louable n’a
pas besoin d’excuse ; ils sont tous les deux
en bonne santé. Tenez, voici une lettre
de ce bon Gentilhomme. Le pauvre Stanley trembloit de tous ses membres ; son
visage passoit tour à tour de la blancheur
de la neige à la rougeur de l’écarlate.
Sans s’amuser à demander la permission
de lire la lettre, il la décacheta sur le
champ, & y lut ce qui suit.

Mon Cher Enfant,

» Nous nous joignons, votre mere &
» moi, pour vous donner notre bénédic-
» tion. Dieu vous bénisse, mon enfant,
» & vous inspire ce qui vous sera le plus

» avantageux. Votre pauvre mere eſt fort
» inquiette ſur votre compte : ſûrement ,
» nous ne méritions pas que vous euſſiez ſi
» peu de confiance en nous. Je ne vous
» ordonnerai pas de quitter l'armée ſur le
» champ ; mais je demande , & votre
» chere mere le demande auſſi , qu'ab-
» ſolument vous n'acceptiez point une
» commiſſion, en cas qu'on vous en offrît
» une. Comme vous êtes réſolu de voir
» une campagne , reſtez-y donc ; mais
» que ce ne ſoit qu'en qualité de Volon-
» taire : c'eſt moi , c'eſt votre pere qui
» l'exige. Rempliſſez bien votre devoir;
» mais n'allez pas croire que ce devoir
» vous engage à riſquer follement votre
» vie. M. Sims s'eſt chargé de remettre
» la préſente au Lord Belfont , en qui
» j'eſpere que vous trouverez un ami,
» ſi vous méritez ſes égards. Que Dieu
» vous donne un bon retour, mon enfant:
» ne manquez pas de revenir auſſi-tôt
» que la campagne ſera finie. Vous trou-
» verez dans la préſente , une lettre de
» crédit pour M. . . . . l'Agent. Je lui
» écris de vous compter tout l'argent
» dont vous aurez beſoin. Encore une
» fois , nous vous donnons, votre mere

» & moi, notre bénédiction du meilleur
» de notre cœur. Votre sœur vous assure
» de l'amitié la plus sincere. Je demeu-
» re, mon cher fils, votre affectionné
» Pere STANLEY.

Il y a peu de veuves qui aient jamais
été réellement si prêtes à perdre la vie
à la premiere nouvelle de la mort de
leur cher mari, que le fut notre Héros
en lisant la lettre douce & tendre de son
pere. Le Lord qui avoit le cœur vraiment honnête, fut témoin de cette révolution : il lui fit donner aussi-tôt un verre
de vin, comptant que cette lettre étoit
écrite dans le style ordinaire d'un pere
sage & courroucé, c'est-à dire, pleine
de menaces & de reproches : c'est pourquoi il voulut entreprendre de consoler
George, en lui disant, qu'il se mêleroit
de cette affaire, & tâcheroit de faire sa
paix. Oh! non, Milord, vous ne connoissez pas mon pere, répondit-il : mon
bon Milord, prenez la peine de lire cette
lettre. Quand le Lord eut parcouru ce
papier, il ne fut pas moins satisfait que
George lui-même n'avoit lieu de l'être.
La modération, la tendresse, la bonté
que le pere y montroit, lui firent beaucoup

de plaisir , & il fut charmé de voir ce
jeune homme si sensible à la bonté d'un
tel pere. Il y avoit dans les manieres de
George , quelque chose qui plut extrêmement à ce Seigneur. Il le questionna
beaucoup, & George lui fit, le plus suc-
cinctement qu'il put , le détail de tout ce
qui lui étoit arrivé depuis son départ pré-
cipité d'Oxford. Le Pair ne fut pas peu
surpris , dans quelques endroits de son
récit , de voir combien les rapports va-
rient les faits : il avoit ci-devant entendu
parler confusément de deux jeunes gens
qui étoient venus à l'armée ; mais l'affaire
étoit tellement défigurée, que quand il reçut une lettre de M. Sims qui le prioit de
faire chercher un nommé M. Stanley, il
n'avoit jamais imaginé que ce pût être le
même homme dont il avoit entendu raconter de si étranges histoires.

CHAPITRE X.

*Les Gens honnêtes & braves font bientôt
connoiffance.*

LE Lord Belfont, fuivant fa promef-
fe, mena dîner George avec le Général,
qui le reçut à bras ouverts. Cet honnête
& ancien Militaire fentit un grand plaifir
à le revoir. Eh bien ! mon enfant, lui dit-
il, fi quelqu'un vous a maltraité, ne crai-
gnez pas leur autorité. Exigez-en telle
fatisfaction qu'il vous plaira : je vous fe-
conderai. Le Lord Belfont fe méla auffi-
tôt de la converfation. . . Mon Général,
mon bon & ancien ami, vous me par-
donnerez, s'il vous plaît; ce jeune homme eft actuellement confié à mes foins ; il
m'eft recommandé par un des plus honnêtes gens du monde ; il n'y a qu'un homme
de mérite qui ait pu obtenir fa recommandation. Comme c'eft moi qui en fuis
chargé, je dois infifter à ce qu'il oublie
tout ce qui eft arrivé. Je lui ferai garant
qu'il n'aura plus d'infultes à effuyer ; & je
réponds principalement, que le Colonel

Morrice fera une excufe telle , que j'efpere que M. Stanley en fera content. Pardonnez-moi, mon Général , fi je prends
la liberté de vous contredire ; mais, en
vérité , on ne trouveroit pas bien dans le
monde, que notre ami eût une querelle
fur les bras , dans l'inftant qu'il eft revenu à vous. Eh bien ! Lord Belfont,
répliqua le Général , je crois que vous
avez raifon. Qu'en penfez-vous, mon enfant ? En vérité , Monfieur , répondit
George , maintenant que j'apprends que
vous n'avez jamais mal penfé fur mon
compte , & que Milord veut bien m'accorder l'honneur de fon amitié, je me
fens plus difpofé à me réjouir de ma bonne fortune actuelle , qu'empreffé de fatis-
faire ma vengeance. A peine M. Stanley
eut-il fini cette modefte réponfe, que le
Colonel lui même entra pour faire fon
compliment au Général. George perdant
un peu de cette humeur pacifique, où il
étoit un peu auparavant, s'approcha du
Colonel, & lui dit d'une voix à demi-
baffe. Monfieur, il me femble que je fuis
votre débiteur ; voilà le demi-écu que
vous m'avez prêté. Il peut vous être dû
quelque chofe pour les intérêts, faites-

moi la faveur de m'indiquer où je dois vous aller trouver pour vous payer convenablement de toutes les obligations que je vous ai ? Le Colonel fut mortifié, & un peu embarrassé de la réponse qu'il devoit lui faire. Ce n'est pas qu'il eût peur d'un autre homme ; mais il ne se sentoit pas un crédit assez fort, pour avoir envie de se mesurer avec un jeune homme, que le Général Ironside prenoit si visiblement sous sa protection ; de sorte qu'il ne fut pas fâché, quand le Lord Belfont vint les interrompre. Ce Seigneur le fit en effet, d'une manière qui fit bien connoître au Colonel, que le Général Ironside n'étoit pas le seul qui protégeât Stanley : ce qui le rendit encore plus empressé de se débarrasser d'une affaire dans laquelle il sçavoit s'être fort mal conduit. Il fit donc à M. Stanley une excuse d'assez mauvaise grace, & l'affaire finit ainsi ; mais non sans que le Lord Belfont fît à Stanley une douce réprimande, en ami, de ce qu'il s'étoit si vivement pressé. Le vieux Général se joignit en quelque sorte avec le Lord, quoique, dans le fond, il étoit véritablement charmé de la bravoure de son cher enfant.

D v

Comme ni l'un ni l'autre ne compre-
noit ce que vouloit dire le demi-écu,
dont ils l'avoient entendu parler, George
fut obligé de le leur expliquer. Si le
Lord Belfont avoit été choqué de sa
promptitude, un moment auparavant,
il admira beaucoup le sang-froid qu'il
avoit conservé dans ce moment de détresse, de chagrin & d'insulte. Ils dîne-
rent & souperent ensemble de fort bonne
humeur, & à l'entiere satisfaction de
tout le monde, excepté denotre Héros.
Il est rare que nos plaisirs & nos satis-
factions soient complets & sans mélange;
il y a toujours quelque chose qui altere
& obscurcit le bonheur ; quelque chose
dans la nature, ou dans notre propre
imagination, qui répand une espèce d'a-
mertume sur tous nos plaisirs. Fort peu
de tems auparavant, Stanley s'étoit trouvé
dans l'état le plus humilié & le plus
malheureux où un homme bien né puisse
être réduit : aucun de ceux qu'il auroit
desiré de fréquenter, n'auroit voulu faire
société avec lui ; & lui-même n'auroit
pas voulu s'abaisser à lier amitié avec
ceux qui vouloient bien le connoître.
Un homme qui a des sentimens, ne peut

guère se rencontrer dans une position plus désagréable. Actuellement, il se voit en compagnie de deux personnes du premier rang , & de la plus grande importance à l'armée ; quelle différence de situation ! Avec un crédit illimité , pour fournir à toutes ses dépenses. Un jeune homme peut-il desirer rien de plus honorable & de plus satisfaisant ? Oui; un seul point lui manquoit ; c'étoit d'avoir son ami , qui fût témoin , & pût participer à cet heureux changement de sa situation. Cette seule circonstance amortissoit toute sa joie , & le rendoit malheureux au milieu de sa bonne fortune. Quant à son nouvel ami , le Lord Belfont , il ne s'en sépara ce soir-là, que pour l'aller rejoindre le lendemain matin. En un mot, ils devinrent en peu de tems si intimes, qu'il étoit difficile de rencontrer l'un sans l'autre.

Le Lord Belfont n'étoit pas un homme ordinaire ; la nature l'avoit formé propre à figurer sous quelque caractere qu'il pût paroître ; jusqu'à l'âge de vingt-deux ans, étant cadet & destiné pour l'Eglise, il avoit lu prodigieusement, & en avoit très-bien profité ; ensuite la mort de son frere aîné lui avoit donné un titre, quoiqu'il n'eût pas en même tems, un bien considérable pour soutenir sa dignité; voyant qu'il ne pouvoit pas vivre d'une façon proportionnée à son rang, sans ajoûter un surcroît à sa fortune, il avoit accepté aussitôt une commission, & s'étoit appliqué à sa profession avec tant de succès, qu'il n'y avoit point d'homme dans l'armée dont on conçût de si grandes espérances. Aussi Sa Majesté l'avoit déja employé, tout jeune qu'il étoit, dans quelques négociations, (il n'avoit alors que trente trois ans) & il s'en étoit acquitté d'une manière qui faisoit honneur à ses talens. Ajoutez à cela que l'élégance de ses façons, l'aisance de sa conduite, la gaieté constante de son humeur, le rendoient l'admiration de la Cour. N'imaginez pas pourtant que cet homme de sçavoir, ce brave soldat, cet habile négociateur, dirigeât la conduite de sa vie particuliere, suivant les régles exactes de la raison. Tout au contraire, il n'y avoit point d'extravagances à la mode, dont il ne donnât le ton : il buvoit fortement, jouoit beaucoup, & aimoit excessivement les femmes. Ce même homme que des assemblées de Sénateurs écoutoient avec admiration, auroit auffi paffé fon tems à caqueter & à poliffonner comme un Page ; ce n’eft pas que la converfation des gens de Lettres ne lui eût paru plus agréable ; cependant on le voyoit affez rarement avec eux. Cela ne doit pas paroître furprenant. En vérité, les Sçavans ne font pas toujours d’un efprit bien fociable. Qu’on ne croye pas que je veuille infinuer qu’un Sçavant critique, ou un Théologien profond ne boive bien fa bouteille, & n’aille même quelquefois jufqu’à trois ; mais auffi ils boivent du même air qu’ils proffent ou qu’ils prêchent. On ne remarque point en eux cette phyfionomie ouverte, cette joie de l’ame, cette aifance, & cette bonne humeurqui donnent la vie à la converfation, & qui font l’ame de la bonne compagnie : c’eft ce qui faifoit que le Lord Belfont paffoit peu de tems avec les gens taciturnes & fobres. mais auffi parmi les gens qui font enjoués, vifs, libres & ouverts, il y a une telle rareté de fçavoir, fi peu de bon fens, un entendement fi pauvre, qu’il voyoit clairement que tous fes plaifirs étoient imparfaits. Il ne faut donc pas s’étonner s’il

regarda comme un tréfor, un homme tel
que Stanley , qui joignoit à une humeur
vive & gaie beaucoup d'entendement &
de fçavoir. Ce jeune homme étoit d'un
fort bon tempérament , & fe croyoit
trop honoré de l'amitié particuliere du
Lord Belfont , pour ne pas lui tenir affi-
duement compagnie ; de forte qu'il mena
alors le même train de vie que ce jeune
Seigneur. Il n'oublioit pas à la vérité à
qui il étoit redevable d'être en état de vivre de cette maniere, & il le reconnoiffoit volontiers dans les lettres qu'il écrivoit à fes parens. Je me contenterai de
dire à l'égard de ces lettres , qu'elles
étoient telles qu'il fatisfaifoit en cela fon
propre cœur , & tranquillifoit le leur. Il
les affuroit qu'il avoit déja eu le plaifir
une fois d'exécuter leurs ordres, puifqu'il
avoit refufé une Commiffion que fes
grands amis l'avoient preffé d'accepter. Il
avoit écrit à M. Sims de la maniere la
plus reconnoiffante , & n'avoit pas oublié
de demander des nouvelles de fon ami
Martin. Il y parloit de Milord Belfont
dans des termes qui cauferent à fon Pré-
cepteur la plus vive fatisfaction. Car celui-
ci avoit eu quelque appréhenfion, que la

recommandation d'un ami de Collége ne fût pas d'un certain poids, après une abfence de bien des années. Il y renferma auffi une lettre de Milord, qui ne lui fit pas moins de plaifir, en lui montrant George fi avant dans l'amitié du Milord.

Un jour que le Lord Belfont & Stanley étoient allés fe promenervers les grandes gardes du Camp, ils entendirent les gémiffemens de quelqu'un qui n'étoit pas loin d'eux : & s'étant avancés, ils virent un vieillard qui tâchoit de pofer un homme doucement à terre. Excités par ce fpectacle, ils y coururent auffitôt. Le Lord Belfont qui y arriva le premier, s'occupoit à foulever cet homme de terre. Quel fut fon étonnement de voir Stanley, dès qu'il eût découvert fon vifage, preffer dans fes bras ce miférable objet, qui, en le regardant, eut à peine la force de prononcer : Quoi ! Stanley, c'eft vous ! & auffitôt tomba en foibleffe. Le Lord Belfont étoit dans la plus haute furprife ; ce n'étoit pas le moment de faire des queftions, il appella du fecours. Stanley, pétrifié d'horreur & de chagrin, de tems à autre, laiffoit échapper une larme, un foupir, un cri ; mais il ne parloit pas,

jufqu'à ce qu'ayant vu ce malheureux objet de fes inquiétudes dans un lit bien
chaud, il revint trouver fon noble ami,
& lui dit : Milord, c'eft mon cher, mon
bon ami Martin ! O le malheureux coquin qui l'a renvoyé chez lui ! . . mais...
& il fe mordit les levres... Enfuite tournant les yeux fur fon ami, il eut le plaifir de voir ce digne garçon revenu à lui-
même, au point de lui fourire, fi ce peut
être un plaifir que le fourire, qui fem-
bloit être celui d'un homme, qui, laffé
de ce monde, eft fur le point de le
quitter. Cependant, peu-à-peu, il recou-
vra affez de forces pour parler ; & il paroiffoit en avoir grande envie ; mais les
Médecins ayant dit qu'il avoit befoin de
repos, & que le parler lui feroit mal,
on obtint, quoiqu'avec peine, de Stanley,
de le laiffer feul , & tranquille quelque tems.

CHAPITRE XI.

Il ne faut jamais contredire son ami quand il est en colere.

LE Lord Belfont & George furent à peine sortis de la chambre, que le dernier s'écria : Ah ! le vilain monstre de Morrice ! il a assassiné le meilleur, le plus digne homme qui ait jamais vécu. Mais si je vis, il me le payera..... Doucement, ami Stanley, répondit Milord ; nous sommes trop près de M. Martin pour parler de rien : cela pourroit le troubler. Venez-vous-en avec moi ; nous examinerons ensemble ce qu'il y aura à faire. A faire, répondit brusquement l'autre : Eh ! que peut-il y avoir à faire que de punir ce lâche, ce .....? Non, Monsieur Stanley, suspendez votre colere : vouloir ici lui donner l'essor, ne peut tendre qu'à la rendre impuissante. Venez avec moi ; je vous donne ma parole d'honneur que, dans tout ce qu'il conviendra de faire, je vous aiderai de toute mon ame & de toutes mes forces : mais restez tranquille, jufqu'à ce que nous ayons examiné comment vous devez vous y prendre : fur mon honneur, je ne vous abandonnerai pas. O Lord Belfont! répondit l'autre avec chaleur : que je vous ai d'obligation! pardonnez à ma vivacité; je fuis sûr que vous n'en feriez point étonné, & que même vous me la pardonneriez volontiers, fi vous connoiffiez le mérite de ce cher, de cet excellent homme, de mon ami Martin. Cher Stanley, reprit Milord, j'admire la chaleur & la tendreffe de votre amitié; mais, je vous prie, ne parlons pas davantage ici. Enfuite ils marcherent en filence, jufqu'à ce qu'ils arriverent chez Milord. Quand ils y furent feuls, Belfont le prit par la main, & lui dit : » Monfieur Stanley, » depuis le moment que je vous ai con- » nu, j'ai toujours eu beaucoup d'eftime » pour vous; mais je n'ai rien encore ob- » fervé en vous de plus méritoire, que » l'indignation honnête que vous montrez » contre un homme qui a maltraité votre » ami. Si jamais la vengeance peut être » pardonnable, c'eft affurément dans cette » occafion. Vous pouvez compter que je » vous foutiendrai.

L'efprit humain peut être comparé à une machine qui roule fur un plan incliné : une fois mife en mouvement, il eſt fort difficile d'arrêter fon cours ; cependant, la moindre chofe qu'elle rencontre fuffit pour changer fa direction. Il en fut de même de Stanley : un moment auparavant, fon ame étoit agitée de rage, de colere & de vengeance ; elle ne le fut pas moins après, mais par un objet différent. Son but alors étoit la punition du Colonel Morrice ; mais occupé de la tendreſſe & de la générofité du Lord Belfont, il eut peine à s'empêcher de tomber à fes genoux ; il l'embraſſa, parut avoir oublié toute fa colere, & fon ame fembla ne plus rien fentir que les mouvemens de fa reconnoiſſance.

Belfont avoit apperçu avec beaucoup de douleur, la fureur dont l'efprit de M. Stanley étoit poffedé ; il étoit fort inquiet des fuites que cette affaire alloit avoir : avec la connoiſſance parfaite qu'il avoit du cœur humain, il fçavoit que ce n'eſt pas en contrecarrant nos paffions, qu'on parvient à les vaincre ; auffi ne l'avoit-il contredit en rien, & même ne lui avoit-il oppofé aucunes raifons : mais alors il

profita des premiers attendriſſemens de
ſon cœur , & continuant ſon diſcours :
» Aſſeyons - nous , Stanley , mon ami ,
» examinons ce qu'il y aura à faire ; n'al-
» lons pas , je vous prie , par nos paſſions,
» donner de l'avantage ſur nous aux fous
» & aux méchans. Je vous l'ai dit, je vous
» l'ai promis , je vous aiderai comme ſi
» vous étiez mon frere ; mais comme j'ai
» plus vu le monde que mon frere , je
» me flatte qu'il voudra bien en quelque
» ſorte ſouffrir que je le guide & le di-
» rige. Il ſçait bien que je ne voudrois
» pas lui interdire tout ce qu'un homme
» de mérite & d'honneur doit faire; vou-
» lez-vous donc vous laiſſer conduire »?
Hélas ! Milord, répondit George , que
puis-je vous dire? comment vous remer-
cirai-je dignement? Oui, dirigez, gouver-
nez , conduiſez-moi ; je ne ferai pas un
pas ſans votre aveu. Eh bien ! Stanley,
reprit Milord , vous irez donc juſqu'où
vous devez aller , mais pas plus loin.
D'abord , il faut apprendre de M. Martin
comment il a été réduit dans cet état
déplorable. Si , comme vous l'imaginez,
le Colonel Morrice en a été la cauſe....
O Dieu ! s'écria Stanley , ne me pardonnez

jamais mes fautes, si je ne..... Eh bien! dans ce cas-là, votre vengeance aura tout son effet, répliqua Milord ; mais, mon cher Stanley, ce n'est pas assez que nous sçachions nous-mêmes que nous avons raison ; les gens d'honneur ont soin d'agir de maniere que le monde soit convaincu du tort de leur ennemi : c'est alors qu'on peut à coup sûr se déterminer à en tirer vengeance. Ainsi, continua Milord, jusqu'à ce qu'insensiblement il fît remarquer à Stanley qu'il étoit fort possible que le Colonel n'eût aucune part dans cette aventure ; qu'ainsi ce seroit se rendre ridicule, que de vouloir tirer satisfaction de lui, avant de s'être assuré s'il y avoit trempé. Il fut donc résolu qu'ils retourneroient voir M. Martin. George promit positivement à son ami, s'il rencontroit le Colonel Morrice, en quelqu'endroit que ce fût, de ne lui parler pas le moins du monde de cette affaire. Ils trouverent M. Martin encore bien foible ; il avoit dormi environ une demi-heure, & les Médecins assurerent qu'il ne paroissoit en lui aucuns symptomes dangereux. On lui défendit encore de parler beaucoup ; de sorte que ce ne fut

qu'au bout d'environ trois jours , qu'il
fut en état de leur faire le récit qu'ils
avoient tant desiré d'apprendre.

Quand il fut devenu un peu plus fort,
il leur fit à plusieurs reprises , le détail
que nous allons donner de suite au Lecteur , & sans les interruptions fréquentes
que sa foiblesse l'obligea de faire.

On peut annoncer d'abord que le Colonel Morrice ne pouvoit être chargé
d'une commission plus agréable que celle
dont l'avoit prié Sir Robert Martin. Car
en agissant suivant les intentions du Baronnet , il s'assuroit de la fortune de sa
femme , sans essuyer les délais & les dépenses d'un procés en regle ; d'ailleurs,
l'opiniâtreté de Sir Robert à refuser de
délivrer le bien de sa sœur , n'avoit pas
donné au Colonel beaucoup d'amitié pour
la famille des Martin ; & il y avoit dans
son propre caractere , quelque chose de
si petit & de si bas , qu'il voyoit avec
plaisir que le hasard lui présentoit l'occasion d'en traiter mal un rejetton ; de
sorte que quand il eut obtenu , comme
je l'ai déja dit , la permission de renvoyer M. Martin de l'armée , il le fit
amener devant lui , & l'aborda en ces

termes : Eh bien ! êtes-vous toujours en-
têté & réfractaire ? Monsieur , lui répliqua l'autre , je ne connois pas quel pouvoir vous avez sur moi. Oh, oh ! répondit
le Colonel , vous ne tarderez pas à en
être convaincu. Tenez , voyez ce que
m'écrit mon frere : *Renvoyez-moi ce vaga-
bond , pieds & mains liés*. Oh ! parbleu !
si vous n'êtes pas tranquille , je vous ferai
mettre des menottes , & mener comme
un. . . . . . Monstre! s'écria l'autre , est-il
possible ? Et vous êtes mon oncle ? Oui ,
ma foi, reprit le Colonel , cela est possible. Ne parlons plus d'oncle ici ; vous
voyez que c'est votre pere qui le demande. Eh bien donc ! Monsieur, dit Martin,
puisqu'il est décidé qu'il faut que je parte,
si ce n'est pas pour l'amour de moi , que
ce soit pour votre propre réputation ,
permettez que je m'en aille comme il
convient à un Gentilhomme ; ordonnez
que mon épée me soit rendue. Martin
ne prononça pas ces mots avec cette tranquillité qu'un homme a communément
quand il demande son épée à son valet
pour la pendre négligemment à son côté : il y avoit, ou du moins le Colonel
crut appercevoir dans la façon dont Mar-

tin demandoit son épée, quelque chose qui sembloit annoncer qu'il ne cherchoit pas à l'avoir comme un simple ornement. C'est pourquoi il lui répondit brusquement : Non, ma foi, vous n'aurez point votre épée. Tenez, Sergent, laissez ici votre épée, & portez la sienne en Angleterre. En un mot, comme en cent, entendez-vous, jeune homme, je vous ferai conduire par un bon détachement jusqu'au-delà du camp ; après quoi, ce Sergent & deux hommes vous conduiront en Angleterre. Pour ne pas blesser votre orguéil, je donnerai au Sergent un vieil habit de ma garde-robe, afin que vous paroissiez être en la compagnie d'un Officier, & ces deux Soldats passeront pour vos domestiques, à moins que vous ne les mettiez dans le cas de faire connoître qu'ils sont vos maîtres. Le Sergent a de l'argent, ainsi rien ne vous manquera. Allons, mes enfans, emmenez votre prisonnier ; & parbleu ! garottez-le, s'il fait le méchant. C'est ainsi que Martin fut conduit hors de chez le Colonel.

Le Sergent étoit un drôle qui avoit été élevé de la propre main du Colonel : c'étoit c'étoit un coquin propre à tout ce qu'on vouloit. Il avoit été soldat long-tems, &, dans cette noble profession, il avoit perdu le peu d'humanité qu'il avoit, sans acquérir la moindre parcelle d'honneur. Les deux autres grivois auroient pu le disputer, en coquinerie, à tous les autres garnemens de l'armée, excepté au Sergent leur Commandant ; de sorte que, quand il n'y auroit pas eu d'autre inconvénient, que celui de voyager en pareille compagnie, un homme du caractere de Martin étoit fort à plaindre : & il l'étoit d'autant plus, que ces gens avoient bien pu voir, par les façons du Colonel, que le plus mauvais traitement qu'ils pourroient faire à leur prisonnier, étoit un de ces crimes qu'il ne s'embarrassoit pas de punir bien severement. Les deux soldats perdirent bientôt le respect pour leur Commandant. Ils prétendirent qu'ils devoient manger tous ensemble. Le Sergent, qui avoit voulu garder son quant à soi, s'y opposa de toutes ses forces ; mais ces gens lui étoient trop nécessaires pour les contredire. Ils eurent ensemble de fréquentes disputes : Martin ne put tirer aucun avantage de leurs dé-

Partie I.   E

bats ; car le Colonel , outre fa propre faveur , leur avoit fait efpérer des monts d'or de Sir Robert , de forte qu'ils s'accordoient unanimement à éclairer le jeune Martin de fort près. Martin n'entendoit pas un mot de leur langage ; ainfi, dans les Villes par où ils paffoient , il ne pouvoit faire aucune tentative pour toucher l'humanité du Peuple , jufqu'à ce qu'enfin il lui vînt en fantaifie de dire qu'il étoit malade , & de demander un Médecin. Le Sergent n'étoit pas bien perfuadé qu'il le fût réellement : cependant il ne s'oppofa pas à ce qu'on en fît venir un , réfolu d'être préfent à cette vifite , & de lui fervir d'interprète. Il y confentit d'autant plutôt , que comme il étoit maître de la bourfe , il efpéroit engager facilement le Docteur à lui confeiller de voyager , comme la chofe la plus propre à rétablir fa fanté. Le Docteur vint ; & Martin , lui parlant en latin, commença à expliquer la fituation où il fe trouvoit. Le Sergent , voyant qu'il ne lui étoit pas poffible de fervir d'interprète , fit fortir auffi-tôt le Médecin de la chambre , & le renvoya. Celui-ci ne put pas tirer beaucoup d'inf truction du peu de mots que Martin eut le tems de lui dire ; cependant la conduite du Sergent lui fit conclure qu'il y avoit là-deſſous quelque ſupercherie. Il alla en avertir le Gouverneur. Peu de momens après, notre Sergent & ſes deux compagnons furent faits priſonniers, & Martin ſe trouva aſſez bien pour les ſuivre.

Ils furent tous conduits auſſi-tôt chez le Gouverneur. Martin eſpéroit que tous ſes embarras alloient prendre fin. A la vérité, il avoit quelqu'appréhenſion que le Gouverneur ne pût pas entendre le latin. Il ſçavoit que c'eſt une choſe aſſez extraordinaire en Allemagne ; mais ſes craintes étoient ſans fondement. Le Gouverneur l'entendoit fort bien : il lui expoſa donc d'une maniere élégante & pathétique, le fâcheux de ſa ſituation, & implora ſa protection avec beaucoup d'inſtance. Le Sergent n'entendoit point du tout Martin ; mais ils étoient à deux de jeu ; car Martin ne l'entendoit point non plus, quand il s'adreſſa au Gouverneur, en allemand, qu'il écorchoit tant bien que mal. D'ailleurs, celui-ci lui montra les lettres que l'oncle écrivoit au pere, qu'il pria le Gouverneur d'ouvrir; & il fit mention de certains faits, pour la vérité defquels il n'imaginoit pas que le Gouverneur pût s'adreffer à M. Martin. Il le lui peignit comme un jeune homme extravagant, & indifciplinable, que l'oncle renvoyoit chez lui pour le fauver de fa ruine. Il n'oublia pas d'infinuer qu'il avoit été emprifonné comme efpion. Martin avoit parlé de fon oncle un peu durement . . . . Il avoit avoué qu'il étoit venu à l'armée fans le confentement de fon pere; mais n'ayant pas entendu le langage du Sergent, il ne pouvoit pas éclaircir les points fur lefquels cet homme avoit infifté, & auxquels il donnoit lui-même un nouveau degré de force par quelques aveux. Le Gouverneur trouva dans l'air de Martin quelque chofe qui lui plaifoit beaucoup : tout bien confidéré, il imagina que c'étoit quelque jeune fou qui méritoit d'être fauvé. Il refufa poliment de lire les lettres du Colonel; &, par pur égard pour Martin, il ne voulut pas le tirer d'entre les mains de fes gardes. Martin fe voyant déchu de fon efpoir, fans comprendre pourquoi, fit une derniere tentative pour qu'enfin on lui rendît son épée ; mais, sur ce que le Gouverneur ordonnoit de la lui rendre, le Sergent s'écria que sur ce pied-là, il ne le garderoit pas davantage ; que c'étoit un drôle méchant & querelleur ; qu'il avoit fait la même demande à son oncle, qui, le connoissant bien, avoit expressément défendu de lui laisser d'épée. Le Gouverneur demanda doucement à Martin si cela étoit vrai ? Si Martin eût hardiment risqué un mensonge, il eût regagné son épée tout d'un coup ; &, s'il l'eût fait, peut-être bien des gens l'auroient jugé pardonnable : mais ici, comme en toute autre chose, l'habitude est d'un grand avantage. Malheureusement Martin n'étoit point accoutumé à cet art ingénieux, si utile & si efficace, (le mensonge :) de sorte qu'il ne lui vint pas même dans la pensée de contredire le Sergent, & il fut encore débouté de sa demande. Le Gouverneur lui conseilla de prendre patience, & les congédia, en recommandant pourtant très-fort à ces gens, de conduire ce jeune homme avec tous les égards & le respect qu'ils lui devoient.

E iij

Ils ne manquerent pas de le promettre:
cependant s'ils ne le traiterent pas mille
fois plus mal que jamais, ce ne fut pas
pour tenir leur promesse. Ils ne manquerent pas de mauvaise volonté pour
lui ; car ils lui en voulurent beaucoup,
pour leur avoir joué ce tour du Médecin, qui avoit pensé leur arracher des
mains leur proie, en les exposant au ressentiment du Colonel, & en même tems
les priver de la récompense qu'ils s'attendoient de recevoir de Sir Robert.

CHAPITRE XII.

Il est quelquefois bon de paroître content, quoiqu'intérieurement on soit affligé jusqu'au fond de l'ame.

QUOIQUE Martin n'eût pas lieu d'être fort satisfait de sa tentative pour se mettre en liberté, ses gardes avoient maintenant un peu d'appréhension sur son compte. Ils résolurent un point entr'eux ; c'est que jamais Médecin n'approcheroit de lui, fût-il à l'article de la mort. Le Sergent étoit certainement la meilleure tête des trois ; & la crainte fut cause que les deux autres s'abandonnerent à ses conseils. Le Sergent les convainquit qu'il seroit presqu'impossible de conduire ce jeune homme en Angleterre, s'il avoit bien résolu de s'échapper ; qu'il essayeroit toujours quelque nouvelle ruse, & qu'ils ne devoient pas esperer de s'en tirer toujours aussi bien qu'ils avoient fait avec le Gouverneur. Il fut donc déterminé entr'eux qu'ils devoient absolument changer de conduite. Le Sergent

convint que lui-même à l'avenir ne man-
geroit plus avec M. Martin ; qu'en toutes chofes il falloit marquer de grands
égards pour lui , & tâcher par toutes
fortes de moyens, de lui rendre l'efprit
content, cr comme il fe trouvoit fi loin
de l'armée pour lors , & n'avoit point
d'argent, ils efpererent en quelque façon
pouvoir l'amufer jufqu'à la fin du voyage.
Quand Martin vit une table dreffée pour
lui feul , & que fes gardes le fervoient
& traitoient avec beaucoup de refpect,
il ne fçut ce que cela vouloit dire. Après
le dîner , il n'en refta qu'un feul dans la
chambre : encore le Sergent s'excufa t-il
de ne pouvoir fe difpenfer de lui en laiffer un conftamment. Tout cela remplif-
foit Martin de furprife & d'étonnement ;
il ne pouvoit deviner quelle étoit leur
intention, jufqu'à ce qu'enfin , par quelques démonftrations adroites & par les
geftes mêmes de fes gens, il comprit
leur but. Il réfolut de prendre fes mefures en conféquence : il feignit d'être
extrêmement content & fatisfait de tout.
Le Sergent triomphoit, fe félicitoit de
fon imagination ; & fes deux hommes,
admirant fa fagacité , lui rendoient mille

égards. Martin espéra que leur sécurité lui procureroit la commodité de s'échapper ; mais il avoit appris assez du métier de la guerre, pour sçavoir qu'on ne doit pas décamper, qu'on ne soit pourvu de tout ce qui est nécessaire pour la marche, & il n'avoit pas un sol dans sa poche. Pour y remédier, il affecta beaucoup de bonne humeur : lorsqu'ils furent arrivés dans une auberge, il se mit à discourir avec le soldat qui étoit de garde. A la longue, il lui dit, en poussant un soupir, qu'il voudroit bien lui donner de quoi boire, mais qu'il n'avoit point d'argent. Hélas ! Monsieur, s'écria cet homme, il est bien fâcheux qu'un Gentilhomme comme vous soit sans argent. Martin lui proposa alors d'engager son camarade de se joindre à lui, & de faire si bien tous les deux auprés du Sergent que la bourse fût remise entre ses mains, & il promit de leur donner une bonne gratification : mais ce garçon connoissoit trop bien le Sergent pour penser que jamais il voulût les favoriser à ce point. Hélas ! non, mon Maître, répondit-il ; à coup sûr, jamais le Sergent ne voudra se départir de la bourse ; non, il n'en fera rien : mais il eſt certain que votre honneur doit toujours avoir quelque choſe dans le gouſſet : mon camarade & moi nous nous joindrons volontiers pour cela. Martin promit dans ce cas de leur faire préſent d'un quart de ce qu'ils pourroient lui procurer. En effet, la premiere fois qu'ils ſe trouverent tous enſemble, Martin demanda quelqu'argent au Sergent, qui lui répondit que les fonds étoient bas, & d'autres diſcours pareils; mais il ne fut pas peu ſurpris, quand il vit ſes deux camarades prendre parti contre lui. Il imagina que ces gens-là n'en agiſſoient ainſi, que pour faire leur cour au priſonnier, qui, quand il ſeroit arrivé chez lui, pourroit leur rendre ſervice, en rendant témoignage de leur conduite. Il n'appréhendoit plus alors Martin ; car il le croyoit bien réſigné à ſon voyage, & il étoit réſolu de ne point relever encore le mérite de ſes camarades par ſon oppoſition. C'eſt pourquoi il lui donna une pièce de trente-ſix ſchelings, en jurant de bon cœur, qu'il lui en auroit donné davantage, ſi ce n'eſt qu'à peine il lui reſtoit aſſez d'argent pour les défrayer juſqu'à la fin de la route. Martin prit

cette pièce d’or avec le cœur gros, fen-
tant bien qu’elle ne lui pouvoit être d’un
grand fecours. Mais il ne fut pas plutôt
refté feul avec le Sergent, qu’à fa grande
fatisfaction, il fe vit adreffer le difcours
fuivant : » Monfieur, vous devez avoir
» remarqué que ces drôles-là font des
» coquins & des extravagans ; j’ai eu bien
» de la peine à faire durer jufqu’ici l’ar-
» gent du Colonel : quoi qu’il en foit,
» j’ai quelque petite chofe à moi dont
» ils n’ont aucune connoiffance. Un vieux
» Soldat qui eft marié & établi dans cette
» Ville, eft venu me trouver & m’a prié
» de le lui prêter ; il promet de me
» faire fon billet pour une fomme de
» moitié plus forte ; mais fi vous avez
» envie d’avoir de l’argent en poche,
» (car, en effet, il eft fâcheux qu’un
» jeune Gentilhomme comme vous foit
» fans argent), vous ferez le maître
» d’en difpofer ». Je vous en remercie,
Sergent, lui répondit Martin : à quelle
fomme monte cet argent ? mais, Monfieur, répliqua le Sergent, à fept guinées que je reportois chez moi à ma
pauvre femme. La pauvre Magdeleine !
hélas! elle fera bien aife de revoir fon vieux

E vj

Tobie ! Comme je vous difois donc, Monfieur, il eft queftion de fept guinées ; vous pouvez m'en croire, un vieux Soldat de mes camarades, qui eft établi ici, a offert de m'en rendre dix à mon retour ; mais je préférerois de beaucoup de fervir votre honneur : ce n'eft pas que je demande à le faire par intérêt. Parbleu ! ne vaut-il pas mieux vingt fois fervir un fi honnête Gentilhomme, qui peut nous rendre fervice à fon tour ? Surement, fi votre honneur veut les accepter pour rien, vous êtes le maître ; mais je penfe qu'un Gentilhomme tel que vous ne voudroit pas qu'un pauvre miférable comme moi perdît avec lui une fomme qu'il auroit pu gagner. Oh ! non, Sergent, lui répliqua Martin ; je vous fuis obligé de la préférence. Faites venir une plume & de l'encre, je vous donnerai mon billet pour dix guinées : vous me permettrez même de faire un peu mieux que le pauvre Soldat ; je vous donnerai une couronne pour boire. Que Dieu béniffe votre honneur, dit le Sergent : morbleu ! quel dommage qu'un fi brave Gentilhomme manquât jamais d'argent ! Le Sergent avoit une plume & de l'encre toutes prêtes, & tandis que Martin écrivoit son billet, il continuoit à s'écrier : Dieu me damne ! il est bien fâcheux qu'on l'ait obligé à quitter l'armée ! un si bon Gentilhomme ! aussi le cœur me fendoit : jamais de ma vie je n'avois été commandé pour un service si désagréable. Non, ma foi ! mais je suis obligé d'obéir. Que je sois pendu, si jamais j'ai reçu une commission qui m'ait si fort déplu ; mais Monsieur, comme vous sçavez, je ne pouvois m'opposer aux ordres de mon Colonel. Ensuite il ajoûta : Monsieur, s'il plaisoit à votre honneur, je serois bien aise. . . . . car vous connoissez le Colonel, c'est un homme dur ; il ne voudra peut-être pas m'allouer cet emploi ; ainsi s'il plaisoit à votre honneur d'y ajouter les trente-six schelings. Cette demande n'avoit rien de déraisonnable ; aussi Martin lui donna une reconnoissance pour douze livres & six schelings, & le Sergent lui lâcha les sept guinées. Le rusé vieillard avoit pris soin aussi de mettre un peu d'argent dans cette somme, afin que Martin fût en état de remplir sa promesse au sujet de la couronne : ce qu'il fit aussi-tôt ; & en retour, le

Sergent lui fit beaucoup de complimens, & lui demanda en grace de ne point dire à fes camarades ce qu'il avoit fait pour lui rendre fervice. Les autres drôles venant enfuite, le Sergent étoit occupé à arranger fes comptes fur fon regiftre de dépenfe, & fe tournant vers Martin : Monfieur, lui dit-il, votre bonté voudroit-elle bien écrire ici de fa main, que vous avez reçu les trente-fix fchelings? Martin ne put s'empêcher d'être étonné de fon impudence ; cependant il ne voulut pas difputer avec lui : il prit la plume, & inféra l'article des trente-fix fchelings. Quand le Sergent fortit de la chambre, les deux Soldats le firent reffouvenir combien ils avoient fervi à lui faire obtenir de l'argent. Martin les entendit à demi-mot, & leur jetta une demi-guinée fur la table. Ces gens furent un peu étonnés de lui voir une demi-guinée ; mais fatisfaits eux-mêmes de l'avoir en leur poffeffion, ils ne fongerent plus à s'informer davantage comment elle lui étoit venue.

Ainfi, le pauvre Martin après avoir donné fon billet pour douze livres fix fchellings, & chargé fon oncle d'une li-

vre feize fchellings de plus , fe trouva ne
pas poſſéder réellement plus de huit livres. Cependant il eſpéra , avec cette
fomme , trouver moyen de retourner à
l'armée. Sa bonne fortune le favoriſa
pour cette fois. Ses Gardes qui , contre
leur coutume , avoient toujours été juf-
que-là fort fobres , voyant que M. Martin avoit tout l'air d'un homme tranquille
& content , crurent n'avoir pas befoin de
fe contraindre plus long-tems ; ils réfolu-
rent de fe divertir le foir même. Dans
leur ivreſſe ils eurent querelle avec quelques gens de leur compagnie , & furent
conduits devant le Magiſtrat , qui les fit
mener à la maifon de correction. L'Hôte qui n'avoit pas été payé de fon écot,
courut fur le champ à la chambre de
Martin , & l'ayant réveillé , lui demanda fon argent; mais, hélas! fort inutilement : Martin ne pouvoit ni entendre ce
qu'il lui difoit, ni fe faire entendre lui-
même, jufqu'à ce que l'Hôte fe reſſou-
vînt qu'il y avoit en bas un Moine de qui
Martin apprit que fes Gardes avoient
eux-mêmes été mis en prifon. Irrité vivement de l'incivilité de l'Hôte , il paya
l'écot , & quitta la maifon avec une gran-

de joie intérieurement, quoique l'Hôte, en le voyant en état de payer, auroit voulu lui perfuader de refter plus long-tems dans fa maifon. En paffant par la derniere chambre, il apperçut l'épée du Sergent, qui fe trouvoit être réellement la fienne, il ne fe fit aucun fcrupule de l'emporter, quoiqu'il ne s'informât pas même du refte de leur bagage; cependant l'honnête Hôtelier & fa femme, le lendemain matin, quand le Sergent & fes deux hommes furent élargis, jurerent pofitivement que Martin l'avoit emporté. Les drôles ne vouloient pas le croire; mais le fait fut affûré fi hardiment, qu'ils ne trouverent point de reméde. Ils furent tous plongés dans le défefpoir : le Sergent étoit prêt à s'aller pendre. Ses habits volés, fa capture échappée, précifément dans le moment où il s'en croyoit le plus affuré, fon argent, tout perdu, car il ne s'attendoit guère à jamais revoir Martin, de forte qu'il ne faifoit pas grand cas de fon billet, & même il n'ofoit pas le redemander, ni même en parler au Colonel, après avoir laiffé échapper fa proie. Laiffons ces miférables maudire leur folie, & retournons à M. Martin.

CHAPITRE XIII.

Un Homme qui veut arriver bientôt au terme de son voyage, ne devroit pas marcher trop vîte.

MOnsieur Martin se voyoit mainte-nant un peu d'or dans la poche, une epée à son côté, & étoit maître de lui-même ; quoiqu'à la verité il avoit à faire une route longue & désagréable, au bout de laquelle il n'avoit pas lieu d'espérer beaucoup d'aisance ni de consolation : mais tout cela ne prenoit pas sur lui. Il s'attendoit au bout de son voyage, de rencontrer son ami, & pourvu qu'il eût la compagnie de cet ami, son imagination échauffée lui peignoit toutes choses avec des couleurs douces & agréables. Sans songer à se mettre au lit, il marcha à peu près jusqu'au matin, à l'ouverture des portes de la Ville. Il résolut, quelque longue que fût la route, de la faire à pied. Le moindre cheval qu'il rencontroit, la moindre voiture, lui faisoit quitter le grand chemin, dans la crainte que ce ne fussent des émissaires envoyés à fa pourfuite. Ses appréhenfions étoient vaines. Ces fept guinées qu'il avoit empruntées, étoient en effet, non pas de l'argent appartenant au Sergent, comme il le lui avoit dit fauffement, mais une partie de celui du Colonel; elles en faifoient même une portion fi confidérable, qu'il auroit été abfolument hors d'état de le faire pourfuivre, quand même il n'y auroit pas eu d'autre empéchement. Mais il y en avoit un; car fes gardes pafferent leur tems à difputer pour leurs hardes, tandis qu'ils auroient dû employer tous les inftans à chercher Martin, qui, pendant ce tems-là, avançoit chemin de toutes fes forces. Il étoit fi preffé de marcher, qu'à midi il avoit déja pris l'avance de plus de dix lieues. Il avoit fait trop de précipitation pour fes forces; car alors il fut contraint de refter court. Ses pieds étoient tout nuds, & il avoit eu beaucoup de peine à gagner une pauvre petite chaumiere écartée, où on fit bien des difficultés pour le recevoir, & il fut obligé d'y prendre un logement. Il avoit les jambes enflées; fentoit des douleurs dans le dos; toutes les parties de fon corps lui faifoient mal, & chacune de ses jointure sembloit être disloquée. Le soir la fievre le prit avec tant de violence, qu'il lui auroit été impossible de jamais se rétablir sans une heureuse circonstance; c'est qu'à plusieurs milles de-là il n'y avoit point de Médecin, ni de Chirurgien, ni d'Apothicaire, & qu'ainsi son tempérament eut beau jeu. Au bout d'environ dix jours, la fievre le quitta; il étoit encore trop foible pour songer à se remuer. En effet, il fut quelque tems avant que de pouvoir se traîner autour d'un petit espace de terrein fangeux, qu'on appelloit un jardin. La femme, qui étoit lasse de sa compagnie, le pressa de lui donner de l'argent, & fit monter la dépense jusqu'à peu près la somme qu'elle croyoit que Martin possédoit; & s'il eut trente-six schellings de reste, il en fut redevable à une méprise de son Hôtesse, qui, quand elle fouilla dans ses poches pendant sa maladie, trouvant l'argent dans une, ne songea pas à chercher plus loin; par bonheur, Martin avoit mis sa pièce de trente six schellings dans une autre poche, que le reste de son trésor. Après un mois de séjour, il repartit de cet endroit encore à pied. La fortune parut de nouveau le favoriser; car comme il passoit dans un chemin étroit & sablonneux , un Baron Allemand, passant par-là en chaise, le remarqua par bonheur. Il étoit presqu'impossible de voir un objet si misérable , & de n'en être pas frappé. Il étoit mince , pâle, effilé, maigre, foible , & presque rendu. Le Baron touché de son état, s'arréta , & lui fit plusieurs questions en haut Allemand. M. Martin, à tout hasard, lui répondit en Latin qu'il avoit le malheur de ne pas entendre la langue du Pays; qu'il étoit Anglois & Gentilhomme, & qu'il alloit pour servir son Roi. Le Baron qui entendoit parfaitement le Latin, se trouva aussi être de ces gens admirateurs des Anglois , qui les regardent comme la nation la plus brave de la terre , bien entendu après la leur. Martin ne lui eut pas plutôt prononcé qu'il étoit Anglois , que le Baron le questionna beaucoup ; il fut si satisfait des réponses de Martin, qu'il ordonna à son domestique qui étoit avec lui, de monter sur un cheval de selle , & fit entrer Martin dans sa chaise. Plus il conversoit avec lui, plus il le goûtoit, de sorte qu'il l'emmena dans sa propre maison ; & quand son hôte fut assez fort pour voyager, il lui fournit même de l'argent pour le conduire à l'armée. Il lui donna deux lettres de recommandation pour quelques personnes de considération au service d'Angleterre, les priant de le prendre sous leur protection, en cas que son oncle voulût faire quelque entreprise contre lui. On peut dire que c'étoit beaucoup pour un étranger d'en agir ainsi : oui, sans doute ; mais le fait est exact. Ceux qui voudront en douter, peuvent supposer que tout cela n'est pas naturel, à eux permis ; je n'en dirai pas moins, qu'il y a encore dans le monde des gens de bon entendement, qui ont le naturel excellent, & qui, quand ils voient un homme réellement dans la détresse, leur raconter une histoire, n'ont pas peur de passer pour des gens trop crédules, en supposant que ces malheurs sont arrivés par les moyens mêmes auxquels l'infortuné qui les raconte, les attribue. Or ce digne Baron étoit un homme de cette trempe. Les malheurs du pauvre Martin n'étoient pas encore à leur fin ; avant qu'il pût parvenir jusqu'au camp , & lors même qu'il étoit tout prêt de l'appercevoir, il fut attaqué par des voleurs, qui le laisserent pour mort sur le chemin. Un honnête paysan qui passa bientôt par-là lui trouvant quelques restes de vie, le porta dans sa cabanne, & lui donna tous les petits secours qui étoient en son pouvoir ; & lorsqu'il fut à peine assez bien remis pour pouvoir marcher, ce pauvre homme vaincu par ses sollicitations, le ramena au camp. La route étoit encore de beaucoup trop longue pour lui ; de sorte que las & n'en pouvant plus, il fut obligé de se coucher par terre. Il étoit dans cette situation, lorsque ses plaintes parvinrent aux oreilles du Lord Belfont & de Stanley, comme nous l'avons déja vu.

Quand Stanley eut entendu tout ce que son ami avoit souffert, il fut bien éloigné de ne pas trouver le Colonel Morrice digne des plus mauvais traitemens, comme étant la cause de tout cela ; & comme son ami étoit en bon train de se rétablir, il se laissa persuader par le Lord Belfont, & même aussi par Martin, qui jugerent que, quelque mal que son oncle l'eût traité, il étoit cependant son oncle ; & qu'il siéroit mal à un de ſes amis d'avoir querelle avec lui ; d'autant plus encore, que le Colonel étoit venu lui faire une viſite, & l'avoit traité avec toute la civilité poſſible. Il eſt vrai que le vieux Général qui alloit voir conſtamment M. Martin, panchoit un peu vers le ſentiment de laiſſer faire George : mais le Lord Belfont l'en porta, & Stanley promit de reſter tranquille ; choſe à laquelle il ſe laiſſa perſuader d'autant plus facilement que, comme on l'a déja dit, M. Martin promettoit d'être bientôt entièrement retabli.

CHAPITRE XIV.

C'est une bonne chose que de sçavoir se servir des deux mains.

STanley goûtoit une grande satisfaction, dans l'espoir de voir M. Martin en état de sortir ; car il y avoit entre le vieux Général & le Lord Belfont un combat d'amitié : c'étoit à qui des deux l'auroit dans son Corps. Le Lord Belfort avoit un emploi à donner, & le lui destinoit : le Général avoit une Lieutenance vacante , & juroit qu'il ne resteroit pas cinq jours sans être Officier. Stanley par lui-même, étoit engagé à ne point accepter de Commission ; cela lui avoit fait d'abord un peu de chagrin, mais maintenant qu'il voyoit l'intérêt de son ami doublé par ce moyen, il en ressentoit un grand plaisir. Il se crut lui-même autorisé dans cette occasion, à faire un libre usage de ses lettres de crédit. M. Martin pria son ami de le mettre en situation de rembourser la somme d'argent que lui avoit fourni si libéralement

le

le digne Baron, à qui il écrivit dans des termes pleins de zéle & de reconnoissance, que sa bonté avoit mérités de sa part. Il souhaitoit aussi être en état de récompenser l'humanité de cet honnête paysan, qui avoit pris soin de lui. En effet, Stanley, le Lord Belfont, le vieux Général, & la plûpart des gens de sa connoissance, exercerent envers ce pauvre homme, une telle libéralité, qu'il se crut alors un homme riche. Martin n'auroit pas voulu jetter son ami dans une telle dépense ; mais, malgré toutes ses remontrances, Stanley lui fournit abondamment tout ce qui pouvoit être utile, convenable & décent pour un jeune homme qui entre dans le service. Ce fut en cela que son cœur éprouva avec le plus de douceur, le changement qui s'étoit fait dans sa fortune. Cependant toute sa joie & sa satisfaction se trouva détruite tout à la fois. Un jour, son valet vint le réveiller le matin avec empressement, en criant : Monsieur, les blessures de M. Martin se sont rouvertes, & recommencent à saigner ; il demande à vous voir. A ces mots, Martin saute du lit, jette ses habits sur lui à la hâte, & en une minute, courut chez M. Martin. Il étoit si fort dans l'usage de porter toujours son épée avec lui, que même, dans tout cet embarras, il n'avoit pas oublié de la prendre. En passant pour aller à la chambre de son ami, qui croiroit-on qu'il rencontra ? le Colonel Morrice qui en sortoit. Dans son trouble, il auroit passé devant lui sans y prendre garde, si le Colonel, voyant son empressement, ne se fût avisé de lui dire : Vous n'avez pas besoin maintenant, Monsieur, de courir si vîte. Stanley expliqua ce discours comme une nouvelle de la mort de son ami ; comme s'il eût voulu dire, qu'il venoit trop tard pour recevoir le dernier adieu de ce pauvre garçon. Voyant donc une chambre ouverte, il y entra, en lui disant : Monsieur, je voudrois bien vous dire un mot. Le Colonel l'y suivit... A l'instant, Stanley, fermant la porte, se tourna vers lui, en criant : Infâme meurtrier, vous triomphez donc ?... & tirant l'épée, il ajoûta : Mettez-vous en défense. Que voulez-vous dire ? répondit froidement l'autre : je ne vois point ici que vous ayez lieu de vous plaindre de

moi; je ne veux point me battre. Stanley, dont la colere ne fit qu'augmenter
par le fang-froid du Colonel, courut à
lui, en lui difant : » Scélérat indigne,
» il vous fied bien à préfent d'affecter
» de la froideur ? Tirez l'épée à l'inftant,
» ou je vous caffe la cervelle avec le
» pommeau de mon épée... » Monfieur, dit l'autre.... En parlant, il tâchoit de gagner la porte ; mais Stanley
l'arrêta en le prenant au collet, & dit:
» Je fçavois bien que vous étiez un mé-
» chant ; mais je n'avois pas cru jufqu'ici
» que vous fuffiez un lâche ; & en même
» tems, il le frappa. Alors le Colonel tira
l'épée : il l'auroit même fait plutôt, car
il n'étoit pas poltron ; mais fçachant que
Stanley avoit des amis puiffans, il avoit
conclu , qu'en tout événement, ils jette-
roient le blâme fur lui. Ainfi, par prudence, il auroit voulu éviter d'avoir une
affaire avec Stanley ; mais voyant la chofe inévitable, il tira l'épée avec affez de
réfolution. Il étoit pour le moins auffi
bonne épée que Stanley : cependant en
un inftant, il reçut un coup au bras droit,
& une petite égratignure à la poitrine.
Le Colonel ne fut pas peu piqué de fe

voir hors de combat, dès fa premiere botte, par un homme qu'il regardoit comme un enfant ; il confervoit encore cependant fon fang-froid, & dit : » Mon- » fieur, la fortune s'eft déclarée aujour- » d'hui pour vous ; je fuis bleffé au bras » droit ». Au bras droit, répondit l'au- tre : » un foldat peut-il être hors de » combat, tant qu'il lui refte un bras » pour tenir fon épée » ? Puis prenant auffi-tôt la fienne de la main gauche ; » Monfieur, continua-t'il, vous voyez que nous fommes maintenent au pair ; car je vous jure d'honneur que je ne me fervirai point de ma main droite. Il y avoit cependant une chofe à laquelle Stanley n'avoit point penfé ; c'eft que, quoiqu'il ne fçût fe fervir de fon épée que de la main droite, il étoit pref- que indifférent pour le Colonel de la- quelle il la maniât. Stanley n'en fça- voit rien, & le Colonel n'en dit pas le mot. Extrêmement irrité, il fe re- mit en défenfe, & en moins de rien, il porta à Stanley un coup d'épée dans l'aîne. Le bruit qu'ils faifoient avoit attiré plufieurs perfonnes à la porte, qui, la trouvant fermée, la jetterent dedans, à l'inftant que Stanley tomboit par terre.

Le bruit étoit trop voifin de la chambre de M. Martin, pour ne pas parvenir à fes oreilles : il fut un des premiers qui entrerent. Quand il vit fon ami tombé par terre, fa colere & fa douleur furent trop grandes pour lui laiffer l'ufage de la parole. Il fe retourna alors pour chercher le Colonel, qui heureufement avoit quitté la place. Accablé de furprife, le pauvre Martin fecourut en filence fon ami qui, ayant perdu beaucoup de fang, étoit alors trop foible pour raconter fon affaire. Stanley tournant fes yeux vers Martin, put à peine lui dire : « Comment ! vous voilà, mon ami ? & je vous vois en bonne fanté ; c'eft une confolation à laquelle je ne m'étois pas attendu. Martin fut fort furpris de l'entendre parler ainfi ; mais il le voyoit trop foible pour demander une explication. Défefpéré dans le fond de l'ame, il le porta dans fon propre lit. Les Chirurgiens, qu'on avoit envoyé chercher à la hâte, n'étoient pas arrivés fitôt que le Lord Belfont & le Général Ironfide, tant le bruit de cette affaire étoit parvenu vîte jusqu'à eux ; dès l'inftant qu'ils avoient entendu parler de l'infortune de leur ami , ils étoient accourus.

Le Lord Belfont fut alors le feul qui confervât un peu de préfence d'efprit. Martin étoit accablé de chagrin : le Général, fans s'informer de rien , concluoit que le Colonel avoit tort, & dans fa colere, il réfolut de fe charger lui-même de punir le Colonel. Il appelloit Stanley fon enfant, fon pupile : l'injure qu'on lui faifoit étoit un outrage à lui-même. Mais le Lord Belfont, malgré toute la douleur qu'un cœur qui aime, ne peut s'empêcher de fentir, à la vue du danger d'un homme qu'il chérit , s'entremêla dans l'affaire avec prudence. Mon cher Général, dit-il, je ne prétends pas foutenir que j'aye plus d'eftime & d'amitié que vous pour Stanley ; mais je fuis le plus jeune de nous deux , & il ne fera pas dit que le plus jeune laiffe au plus vieux, le foin de venger les injures de fon ami. Plus vieux, Monfieur, répliqua le Général avec un peu de chaleur : je fuis encore........ Oui, mon cher Général, interrompit Belfont ; j'ai dit le plus vieux;

j'aurois pu ajouter, que notre ami ne pouvoit avoir nulle part un défenseur plus
capable & plus brave ; mais vous sçavez
qu'il est de régle que les plus jeunes des
Corps tirent l'épée les premiers : laissez-
moi donc prendre soin de l'honneur de
notre ami malheureux. Par ma foi , dit
le Général , je n'entends pas que vous
preniez soin de son honneur : en un mot ,
ou vous , ou moi , nous devons nous battre avec ce coquin-là avant la nuit. Vous
dites que vous êtes le plus jeune : eh !
bien , chargez-vous en donc ; sinon , n'en
parlons plus...... je le ferai , moi. Je suis
fâché , mon Général , répliqua Lord ,
que vous puissiez supposer que j'aye besoin qu'on me presse , pour faire une chose
que mon honneur demande : je comptois
que le Général Ironside avoit meilleure
opinion de moi. Opinion de toi , Belfont!
Parbleu ! je te connois brave comme Cé-
sar ; mais aussi je sçais que tu es un garçon si horriblement froid , que ce coquin-
là pourroit bien nous glisser des mains ;
& après l'offense dont il s'est rendu coupable envers ce cher & brave garçon ,
que l'on sçait si publiquement être sous
notre protection , ce seroit un affront réel

F iv

pour tous les deux. Eh bien ! Général,
il ne nous échappera pas ; mais avant
tout, il faut voir comment la chose s'est
passée. Vous m'avez souvent recommandé, & j'ai toujours tenu à honneur, de
servir sous vos ordres. Pour cette fois-ci,
mon brave & bon ami, laiffez-moi prendre le timon; je me charge de tout. Bon,
Belfont, fort bien penfé, dit le Général ;
pour moi, je ne fçais pas comment vous
faites ; vous me perfuadez toujours tout
ce que vous voulez : faites donc à votre
fantaifie ; & que Dieu conferve notre
brave garçon.

CHAPITRE XV.

Les mauvaises nouvelles courent bien vîte.

LE Lord Belfont qui connoiſſoit le caractere de Stanley, & le peu de cas qu'il faiſoit de Morrice, craignit beaucoup que cette affaire n'eût été amenée en quelque maniere, par l'impétuoſité de ſon ami. Apres avoir pris des informations, il trouva que la choſe étoit arrivée ainſi.

Les Médecins avoient ordonné le ſoir d'auparavant, une petite ſaignée à Martin; le matin, la bande s'étoit détachée, & ſon bras avoit ſaigné un peu : mais cela avoit été ſi peu dangereux, & ſi peu capable d'allarmer Martin, que lui-même aidoit tranquillement ſa garde à rattacher la bande, lorſqu'il appella ſon valet pour l'envoyer dire à Stanley qu'il ſeroit bien aiſe de lui parler, & qu'il le prioit de venir, quand il ſeroit levé. Le valet voyant quelques taches de ſang ſur ſa chemiſe, demanda à la garde ce que c'étoit. Celle-ci répondit que le bras de fon Maître avoit faigné cette nuit. Soit qu'il entendît réellement que fes bleffures s'étoient rouvertes , foit amour pour le merveilleux , dont les gens de cette ef-pèce font toujours extrémement avides, ce garçon courut comme fi la vie de fon Maître eût dépendu de fa diligence ; ren-contra en chemin le Colonel Morrice, & s'arrêta pour lui dire pofitivement que les bleffures de fon Maître étoient rou-vertes. Le Colonel allarmé réellement de ce récit, courut vers fon neveu , & ne faifoit que d'en fortir , quand l'allarme que le même domeftique avoit donnée à Stanley , l'avoit fait accourir. Si ce der-nier fe fût donné un moment de patien-ce , il fe feroit épargné beaucoup d'em-barras à lui-même & à fes amis. Mais dans le moment où il avoit le cœur fi plein , rencontrer juftement l'homme qu'il regardoit comme le meutrier de fon ami ! C'en étoit trop pour un homme d'un caractere auffi bouillant. Hélàs ! qu'eft-ce que l'homme, & à quoi lui fert cette raifon dont il tire tant de vanité ? Que le moindre vent du préjugé fouffle fur les charbons de la prévention , tout eft en feu dans un inftant ; tout, jufqu'à nos vertus mêmes, devient en un moment, le principe du vice & de la folie. *Vous n'avez pas besoin maintenant, Monsieur, de courir si vite.* Ces mots prononcés par toute autre personne, n'auroient produit aucun effet ; mais dans la bouche du Colonel, les préjugés de Stanley les lui repréfenterent comme un outrage & une infolence. Auffi-tôt fon cœur fut rempli d'un reffentiment que lui dictoit l'amitié, la vertu la plus digne & la plus noble qui puiffe habiter dans le cœur de l'homme ; & cette vertu même fi digne le porta à attenter à la vie d'un homme qui alors ne lui vouloit aucun mal.

Quand toute l'aventure fut bien éclaircie, le Général même fut charmé que le Lord Belfont eût arrê fon reffentiment. Tout ce qui leur reftoit alors, étoit le regret du danger où fe trouvoit Stanley. À l'égard de la circonftance de fe battre de la main gauche, le Colonel ne jugea pas à propos d'en parler ; & Stanley craignit de paffer pour un homme trop fanguinaire ; ainfi il aima mieux n'en rien dire. Il avoit alors la douleur & le danger d'une bleffure fâcheufe, &

la mortification de sçavoir qu'il en seroit
universellement blâmé par tout le monde; en même tems, il ne pouvoit pas
non plus être bien satisfait de lui-même,
& son ami avoit le chagrin de se regarder comme la seule cause de cette
infortune.

Ce ne fut pas là encore le pis de toute
l'aventure : il y avoit à l'armée un certain Flamm, Enseigne, neveu de M.
Sourgrape, que le Lecteur peut se res-
souvenir d'avoir vu à l'assemblée, dans
le premier Chapitre de cet ouvrage. Or,
quoique M. Sourgrape fût extrémement
indulgent pour les folies des autres jeunes gens, & même disposé à leur avancer de l'argent pour continuer leurs extravagances, il n'étoit pas d'humeur de
fournir à ceux qui dépendoient de lui,
de quoi faire face aux dépenses même les
plus indispensables : ainsi ce jeune homme
l'Enseigne Flamm, qui dépendoit entierement de son oncle, étoit presque toujours réduit aux expédiens. Quoique cet
oncle eût intention de lui laisser tout son
bien, il n'en étoit pas pour cela plus indulgent. Il lui donnoit peu de chose, &
le traitoit fort mal ; il regrettoit même

jufqu'aux ports des lettres qui venoient de lui : auffi le jeune homme ne l'en importunoit guère, fi ce n'eft pour demander un petit fupplément de penfion ; encore il n'ofoit jamais rifquer de le faire, qu'il n'eût quelques nouvelles furprenantes & extraordinaires à raconter à fon oncle, qui étoit toujours charmé d'avoir quelque hiftoire étrange à débiter.

Au moment que l'Enfeigne entendit parler de l'affaire de Stanley, prenant certaines chofes pour accordées, & ajoutant un peu du fien aux différentes additions qu'il avoit entendues, il écrivit fur le champ à fon oncle que le fils de M. Stanley fon voifin, rencontrant le Colonel Morrice, contre qui il avoit une pique particuliere, étoit tombé fur lui l'épée à la main, & l'avoit bleffé fi dangereufement, qu'on défefpéroit de fa vie ; mais que le Colonel ayant auffi tiré l'épée pour fe défendre, lui en avoit donné un coup tout au travers du corps, & que Stanley étoit mort depuis de fa bleffure..... Or, foit que Sourgrape eût réellement quelque bonne volonté pour le jeune Stanley, ou qu'il n'agît uniquement que par haine pour fon pere, qui avoit fauvé plus d'un jeune fou de fes griffes , quel que fût enfin fon motif , il courut à la hâte chez M. Stanley.

Comme il s'en falloit beaucoup qu'il fût ami familier de cette maifon, le vieux Gentilhomme fut un peu furpris de le voir arriver fans façon au milieu de fon dîner : cependant il le pria poliment de s'affeoir , & Sourgrape lui dit : »Oh, oh! » je ne m'en étonne pas ; . . . . . oui , ma » foi ! fon Grec & fon Latin ne lui ont- » ils pas bien fervi » ? M. Stanley un peu furpris , lui dit : » De quoi voulez-vous » donc parler , Monfieur Sourgrape ? » De quoi je parle ? répondit l'autre, eh ! » mais . . . . de votre Fils. . . . . Tenez , » mon neveu Samuel m'en a écrit le dé- » tail : lifez fa lettre ». En même tems , ce coquin préfenta au malheureux pere le maudit papier où il étoit dit que fon fils avoit perdu la vie dans une querelle. La pauvre mere dont le cœur prévoyoit déja toute l'horreur de cette nouvelle, tendit la main pour recevoir cette lettre, & en un clin d'œil , elle l'eut parcourue toute entiere. Son cœur ne put fupporter cet affaut : la vie fembla la quitter pour toujours. A force de fels & d'eaux fortes, on parvint à rétablir chez elle la circulation du sang, mais la raison ne lui revint pas : elle ne connoissoit plus son mari ni sa fille. Cette derniere, soit par un effet de la peine & des attentions qu'elle avoit pour ses parens, ou de son chagrin pour la perte d'un frere qu'elle aimoit tendrement, tomba malade elle-méme, & fut en peu de jours dans un état très-dangereux. M. Stanley à qui l'usage entier de son bon sens faisoit sentir tout le poids de ses chagrins, étoit sans doute le plus à plaindre des trois : un fils tué, une femme qu'il aimoit tendrement mourante, une fille dangereusement malade ; c'étoit un poids bien lourd à porter pour un cœur comme celui de M. Stanley, qui étoit plein de sensibilité.

CHAPITRE XVI.

*Les bonnes nouvelles font la meilleure mé-
decine du monde.*

TOute la famille ne doutoit point de
la mort du jeune Stanley, ne foup-
çonnant pas que perfonne eût écrit : il
avoit défendu de bonne heure à Martin
de le faire, jufqu'à ce qu'on pût affeoir un
jugement certain fur fon état. Il fe paffa
près de quinze jours avant qu'on efpérât
beaucoup pour fa guérifon. Au moment
qu'on le jugea hors de danger, le Lord
Belfont & Martin écrivirent tous les deux
à M. Sims ; & George ajouta lui-même
dans la lettre de M. Martin, une ligne
ou deux de fa main pour fon pere & fa
mere. Dans le tems que ces lettres arriverent, Madame Stanley avoit re-
couvré l'ufage de fes fens ; mais elle étoit
toujours attaquée d'une fievre lente qui
menaçoit fes jours. Elle étoit fi foible,
que l'on jugea qu'il faudroit de grandes
précautions pour lui apprendre le contenu de ces lettres, de crainte que la

joie ne lui causât une révolution fatale.

Miff. Stanley étoit alors affez bien rétablie : ce fut elle que l'on chargea du foin d'annoncer ces bonnes nouvelles à fa mere. Cette aimable fille attendit avec impatience, que fa mere lui parlât de fon frere. C'étoit un chapitre fur lequel elle ne ceffoit de parler pendant fa maladie, au grand regret de toute la famille.

Cette mere fortant bientôt d'un de ces fonges inquiétans où elle tomboit fouvent, fe tourna vers fa fille, en difant : Fanny, mon enfant, j'ai rêvé de mon malheureux fils. Ce pauvre George ! La fille prenant auffi-tôt la balle au bond, répondit : Ma chere Maman, vous avez donc rêvé de mon cher frere ? Eh ! bien, peut-être ne me croirez-vous pas : j'ai rêvé de lui auffi la nuit derniere. Dieu veuille que nos rêves fe rapportent. Que l'on dife ce qu'on voudra, je penferai toujours qu'il y a quelque chofe de vrai dans le mien. Madame Stanley n'avoit jamais trouvé fa fille fi difpofée à fuivre cette converfation ; elle en avoit quelquefois même été choquée ; car toute la fatisfaction qu'elle cherchoit, étoit de fe livrer à son chagrin ; elle fut donc bien bien aise de voir sa fille l'entretenir sur ce sujet, & poursuivit ainsi. Ah! Fanny, si vous souhaitez que votre songe soit vrai, il ne peut pas être semblable au mien, quoique je ne me rappelle guère quel il étoit ; tout ce que je sçais, c'est qu'il étoit de mon malheureux fils. Mais que dis-je, malheureux ? non, il est heureux : la volonté de Dieu soit faite. Mais, Fanny, ma fille, quel étoit donc votre songe ? Ah! maman, répondit sa fille, je sçais que mon papa ne veut pas que je raconte des songes ; & si je pensois que cela dût vous déplaire, je ferois mieux de me taire ; mais il étoit si fort, que je pourrois presque assurer que j'étois éveillée. Il m'a tellement affectée, que je suis plus à mon aise que je n'ai été depuis long-tems. Mais, Fanny, reprit sa mere, dites-moi donc votre songe? Votre papa a sûrement raison : les songes sont..... Mais, ma chere fille, qu'avez-vous rêvé ? Eh bien maman, répondit Fanny, pour vous parler vrai, je suis très-sûre que mon cher frere est encore vivant, & en bonne santé. La pauvre

Madame Stanley fit un grand soupir, en difant: Ma fille. . . . Non, vous êtes dans l'erreur: cette extravagance ne peut pas me donner de confolation. Mais, maman, répliqua Fanny, fi vous l'euffiez vu comme moi, écrivant une lettre à M. Sims. Mon enfant, dit la mere, en l'interrompant: comme vous parlez follement? Ah! mon pauvre George! Plût au Ciel!... Mais que la volonté de Dieu foit faite: il faut m'y foumettre. Non, maman, infifta encore la fille, fufpendez votre jugement jufqu'à demain, peut-être même jufqu'à ce foir. Je fuis perfuadée que nous recevrons de bonnes nouvelles, que maman ne m'aime jamais, fi cela n'arrive pas; enfuite prenant la main de fa mere, & la baifant, elle continua: Cependant je ne voudrois pas pour toute chofe au monde perdre l'amitié de ma chere maman. Il y a plus; j'ai déja penfé plufieurs fois depuis, combien il étoit étrange, que nous nous fuffions tant preffés d'ajoûter foi à cette maudite lettre. Car, certainement, fi ces triftes nouvelles euffent été vraies, M. Martin, ou le Lord Belfont auroient écrit, finon à

Papa, du moins à M. Sims. Ah! Fanny! Fanny! Non, mon pauvre George & moi, s'il plaît à Dieu, nous nous retrouverons dans le Ciel, & non ailleurs; non, jamais. Auſſitôt après, M. Stanley entra avec un air ſouriant, choſe qu'elle n'avoit pas vu dans toute ſa maladie; & Miſſ Stanley reprit le récit de ſon ſonge, en quoi le pere parut être de même avis qu'elle. Cela ſurprit un peu Madame Stanley, qui leur dit : Que veut dire tout cela ? N'avez-vous pas auſſi quelque prétendue lettre à me préſenter pour m'en impoſer. L'erreur ne dureroit qu'un ou deux jours tout au plus; n'imaginez pas, ajoûta-t-elle en ſoupirant, qu'elle pût m'être d'aucune utilité. Ma chere, répondit ſon mari, je ſçais que cela ne ſerviroit à rien; auſſi ne ſoupçonnez pas que je vouluſſe l'entreprendre ; mais plût-à-Dieu que vous fuſſiez un peu plus forte. Sûrement ce Sougrape & ſon neveu ſont de bien méchantes gens, de nous avoir allarmé ainſi. Quoi! quoi? mon cher, dit Madame Stanley, que voulez-vous dire? Eſt-il poſſible? Miſſ Stanley qui avoit son flacon tout prêt, voyant son émotion, lui fit respirer des odeurs, & son pere continua : Vous sçavez que tout est possible à Dieu ; calmez-vous. Dites, s'écria-t-elle, dites-moi, se peut-il que mon cher George. que mon pauvre fils soit vivant ! Répondez-moi vîte : je suis trop foible pour soutenir cet état d'incertitude. Eh ! bien, oui, ma chere, répliqua M. Stanley ; oui, il est vivant, graces à Dieu, & se porte assez bien : Sims a reçu des lettres du Lord Belfont & de M. Martin, avec quelques lignes de la propre main de notre pauvre George. Ah ! montrez-les moi vîte, vîte. Tout à l'heure, ma chere, tout à-l'heure, dit M. Stanley ; mais auparavant, calmez vous. Hélàs ! vous m'avez donc donné de fausses espérances, & vous me trompez ; & en parlant ainsi, elle tomba en foiblesse. Son mari lui soutenant la tête, l'assura qu'il étoit vrai que son fils étoit vivant, & qu'elle en verroit la preuve écrite de sa main, si-tôt qu'elle se seroit un peu réposée. La pauvre femme se tranquillisa alors. On lui mit en main la lettre de M.

Martin, & elle eut la confolation de voir auffi l'écriture de fon fils, ce qu'elle n'efpéroit plus. Stanley avouoit toute l'affaire, reconnoiffoit qu'il avoit été fort mal, mais que, grace à Dieu, il étoit maintenaut hors de danger. Elle étoit trop affoiblie pour lire la lettre de M. Marrin, elle l'examina d'un bout à l'autre; vifita avec attention le timbre de la pofte, fans marquer d'autre envie d'en lire le contenu.

Elle rendit graces à Dieu enfuite de fa bonté, & tâcha de prendre quelque repos. Elle eut une nuit paffable, & fe trouva le matin plus à l'aife, & plus de courage que la veille. On lui fit la lecture des lettres du Lord Belfont & de Martin. Elle fut très-contente du Lord, qui parloit de George à fon vieil ami Sims, avec les plus grands éloges. M. Martin prenoit tout le blâme fur lui-même, & s'avouoit la caufe innocente du malheur de fon ami; mais, quoiqu'il s'exprimât extrêmement bien, il s'en falloit beaucoup qu'il tranquilisât Madame de Stanley, qui, malgré tout fon bon fens, ne put jamais fe mettre

dans la tête que ce malheur n'eût pas eu
réellement d'autre caufe que la témérité de fon fils, & ne dût être impuce à
M. Martin. Retournons maintenant à
l'armée.

CHAPITRE XVII.

Miracle ! Un jeune Soldat qui a de la conscience.

STanley reprenoit pour lors ses forces à vûe d'œil. Peu de jours aprés les premieres lettres, il écrivit lui-même à ses parens assez au long; il n'avoit pas le moindre soupçon de la let- de l'Enseigne Flamm, & par ce moyen il fut exempt de l'inquiétude qu'il auroit ressentie, s'il eût sçu l'effet que son impertinence avoit produite sur la santé de sa mere.

Il éprouva cependant une mortifica- dans sa propre personne par la malheu- reuse violence de sa passion; & cela dans le point le plus désagréable du monde pour lui. C'étoit qu'il ne pouvoit pas rester encore sur ses jambes, lorsque la bataille de Dettingen se donna, & se donna sans lui. C'avoit été pourtant le motif & le but de tous ses travaux, de son projet & de son voyage; & en ce

point

point , auquel son cœur étoit si fortement attaché , il sembloit que la Providence eût résolu de punir sa folie & son extravagance , en frustrant ses desirs.

Martin combattit ce jour-là en qualité de Lieutenant, & se conduisit de façon à justifier le choix de ses deux puissans amis ; & ce fut pour George une satisfaction fort grande : mais elle ne put en aucune façon compenser la mortification que lui causa son impossibilité de s'y trouver aussi. Il étoit déja assez bien depuis quelque tems, & parfaitement rétabli à tout autre égard , excepté qu'il n'avoit pas l'usage de ses jambes. Cela lui attira beaucoup de compagnie. Le Lord Belfont qui, pendant le fort de la maladie de Stanley , avoit presque oublié ses habitudes, & vu fort peu de compagnies, maintenant que son ami étoit assez bien pour y tenir sa place , prit soin de le laisser rarement seul pendant une soirée ; mais avec les façons les plus gracieuses du monde, il veilla à ceque la dépense ne tombât point trop sur le compte de M. Stanley ; il se chargea lui-même de la plus grande partie. Il y avoit communément grand jeu , & ce Lord ne put empêcher que quelquefois il n'en sentît le poids, quand le guignon lui en vouloit; quoique, à tout prendre, George ne perdît rien.

Quinze jours après la bataille, Belfont ayant dessein d'aller à Londres, & George étant alors en état de supporter la fatigue du voyage, ils résolurent de faire la route ensemble. Son ami Martin ne marqua point d'envie d'être de la partie, son Corps ne devant pas retourner de tout l'hyver en Angleterre : il aima donc mieux rester à sa troupe , & s'appliqua à remplir exactement ses devoirs. Il est vrai qu'il avoit souvent été des mêmes parties avec le Lord Belfont & M. Stanley ; mais ayant maintenant un poste qui demandoit résidence , il n'étoit pas si fréquemment avec eux qu'ils l'auroient desiré ; & quoique Stanley sentît qu'il étoit convenable qu'il restât , ce ne fut cependant pas sans regret qu'il le laissa à l'armée.

Quand tout fut prêt pour leur départ , il y eut une chose qui pesoit beaucoup sur les épaules de Stanley ; la Garde qui l'avoit soigné pendant sa maladie, avoit une fille qui étoit venue souvent l'aider : elle avoit été toujours fort assidue auprès de Stanley , & fort officieuse. Quand il fut aßez bien refait , le Lord Belfont badina souvent avec lui sur sa petite servante ; & George lui protesta aussi souvent de son innocence & de celle de la petite fille, & assura qu'il n'en avoit eu aucune faveur, & que même il n'avoit jamais songé à la débaucher. Le Lord le railla de cette délicatesse. En effet, débaucher une fille , & la laisser ensuite à elle-même , pour déplorer sa faute, étoit une chose qu'il auroit regardée comme une bassesse : il étoit incapable d'un pareil procédé ; mais s'il voyoit une fille qui lui plût , & qu'il la pût gagner sans beaucoup d'embarras, il ne manquoit jamais de tenter l'aventure ; de sorte qu'il se moquoit de la conscience de George , & lui dit : Eh ! bien , Stanley , cette fille votre gravité n'a donc pas voulu la séduire , pour me servir de votre façon de parler ? Je soupçonne la moitié de votre conscience de mensonge , en ce que vous ne l'avez pas trouvée , à beaucoup près , aussi jolie qu'elle m'a parue. Ma foi, répondit Stanley , je la trouve fort jolie ; mais quoique je ne fasse point parade de la continence d'un Hermite, comme vous le sçavez très-bien, il y a cependant dans l'action de débaucher le premier une fille, quelque chose qui..... Oh ! oh ! reprit le Pair, est-ce là tout ? eh ! bien, je leverai donc toute difficulté; je me charge de l'affaire ; j'en prendrai les prémices, & je vous la rendrai dans une quinzaine au plus tard. Je vous dis vrai ; vous pouvez m'en croire sur ma parole. Oh ! non, mon cher Lord Belfont ; laissez-là cette pauvre petite fille.... Non, non, mon cher Stanley, je ne prétends pas chasser sur vos terres ; mais ne croyez pas faire comme le chien de Boucher, qui ne mange point de viande, & ne veut pas la laisser manger aux autres. Ainsi, dites-moi, voulez-vous la prendre pour vous ? Non, en vérité, dit Stanley, & je voudrois pouvoir vous engager à ne point y toucher non plus.... Que deviendra cette pauvre innocente?.... Ne vous embarrassez point de cela, Stanley ; si vous n'en voulez point, je la veux bien, moi. Ainsi, voyez si vous aimez mieux la garder pour vous..... Non, Milord, je ne le voudrois pas pour tout au monde ; & si vous le faites, pour l'amour de Dieu, n'abandonnez pas cette pauvre malheureuse à la misere & à l'opprobre. Car c'est la plus innocente petite créature que j'aye jamais vue. Oh ! pour cela non , répliqua Belfont : ne me soupçonnez pas d'une telle horreur. Précisément un Carrosse arriva dans le moment, pour mener George prendre un peu l'air ; & le Lord aima mieux rester à la maison. George souriant à demi, secoua la tête, & partit. Bien-tôt après, Marianne entra (c'est ainsi qu'on appelloit cette petite fille) : le Lord ferma la porte , & commença à causer avec elle un peu librement. Cette fille lui répondit fort innocemment pendant quelques momens : mais voyant que le Lord vouloit la saisir par le milieu du corps, elle fit une prodigieuse résistance & appella au secours. Le Lord eut beau faire & beau dire, offrir de l'argent, & promettre je ne sçais quoi, tout cela ne servit à rien. Il resta seul avec elle pendant trois heures & même plus ; & au retour de George , il avoua ingenûment & sincèrement l'étrange aventure qui lui étoit arrivée, qu'une petite fille de Village avoit soutenu un siége de trois bonnes heures contre le Lord Belfont, cet homme célebre, qui avoit la réputation de ne jamais manquer son coup, quoiqu'il eût employé pour la vaincre, les puissantes armes de la persuasion & de l'argent. George fut enchanté de ce recit, & le soir, lorsqu'elle vint chez lui, pour lui rendre quelques services, il lui fit un sermon sur la prudence & la vertu, lui jetta un demi écu pour récompense d'avoir résisté au Lord Belfont; il lui fit voir la folie des richesses, & combien il y avoit peu à compter sur les hommes, même sur aucuns. Charmélui-même de sa pieuse harangue, & ne supposant pas avoir la moindre pensée de triompher jamais d'une vertu ainsi éprouvée, qui avoit résisté au Lord Belfont, & fortifiée de nouveau, aussi par le sermon qu'il venoit de lui faire ...... il s'aventura de lui donner un baiser, qu'elle reçut en lui faisant la révérence; il lui en donna un second qu'elle ne refusa point. Alors ne pouvant pas aisément se tenir de bout, il voulut s'asseoir, & Marianne le conduisit à un fauteuil. Je ne sçais comment la chose se fit, le fauteuil se trouva près du lit, & il s'assit sur le lit, au lieu de se mettre dans le fauteuil. Pour lors, prenant de plus grandes libertés que ne devoient lui en permettre sa propre harangue sérieuse, ni la brave résistance de Marianne, il n'eut pas d'autre obstacle à vaincre, si ce n'est qu'elle lui cria : Finissez, Monsieur, la porte est ouverte, quelqu'un pourroit venir. Cette façon pacifique l'étonna ; sans autrement penser à mal, & pour voir seulement jusqu'où iroit la résistance, il lui répondit : Oui, il fait un peu froid ; allez fermer la porte. Elle y alla, & revint le trouver, dès qu'il l'appella. Pour lors le Diable se mit de la partie, & lui souffla que le Lord Belfont n'avoit pas été sincère, & qu'après avoir joui de cette fille, il avoit eu envie de la lui mettre sur le corps. Ainsi, lui faisant une espece de sourire, il s'écria : Pensez-vous donc, ma fille, que je vous aye parlé sérieusement, & que je ne sçache pas que le Lord Belfont a triomphé de vous ? Je ne sçais, Monsieur, ce que vous voulez dire, lui répondit la petite fille : à la vérité, il m'a traitée rudement, & m'a offert de l'argent ; mais je ne voudrois jamais en venir là, qu'avec un homme que j'aimerois ; non , je ne le fouffrirois pas pour toute chofe au monde. Eh ! qui aimez-vous ? lui cria Stanley, avec un air mé-prifant, dont elle s'apperçut. Alors, pouf-fant un foupir, elle fondit en larmes, & dit : Monfieur, fi ce Gentilhomme dit que j'aye rien fait qui ne fe doive faire , c'eft un menteur & un coquin ; je fuis vertueufe , & auffi innocente que fi je ne faifois que de naître. Venez ici, lui dit Stanley , qui n'étoit peut-être pas alors bien convaincu de ce qu'elle difoit , ou que fon ami Belfont n'eût pas mieux réuffi qu'il ne le prétendoit. Ce qu'elle difoit étoit pour tant très - vrai : mais c'étoit la derniere fois qu'elle pouvoit parler ainfi ; quelques momens fuffirent pour affurer Stanley qu'il en avoit les prémices. Cette fille étoit réellement bonne & fage ; ce n'étoit pas une liber-tine ; fans quoi, le Lord Belfont, ou tout autre homme en feroit venu à bout : mais il y avoit dans Stanley, quelque chofe qui l'a voit frappée ; & même elle n'avoit pas formé le deffein de fe livrer à lui. Elle étoit fi innocente , qu'à peine avoit-elle la moindre idée du mal. Elle aimoit Stanley , & fuccomba avec lui, fans prefque fçavoir ce qu'elle faifoit. Le Lord Belfont fut informé de toute l'affaire : il admira la fenfibilité de cette petite fille , & lui offrit dix guinées fans aucun retour de fa part ; car actuellement qu'elle étoit à Stanley , Milord n'auroit pas voulu abfolument y toucher. Elle refufa l'argent ; ayant une fois cédé , elle trouva, ce qu'à peine elle avoit connu auparavant , que Stanley étoit entierement maître de fon cœur , & elle dédaigna d'avoir la moindre obligation à tout autre homme.

Il ne faut donc pas être furpris , fi la penfée de laiffer après lui une petite maitreffe fi engageante , tenoit fort au cœur à Stanley. Le Lord Belfont n'eut pas plutôt connu fon embarras, qu'il leva la difficulté , en imaginant un moyen pour l'envoyer en Angleterre, où elle arriva environ dix jours apres eux : comme nous aurons occafion de la voir figurer dans cette hiftoire, il n'eft pas hors de propos d'en parler en peu de mots ici , puifqu'elle y paroît pour la premiere fois. Il eft vifible qu'el'e étoit née de parens pauvres , puifque fa mere étoit Garde de malades. La feule perfonne

de sa famille qui se fût élevée au-dessus
de la plus basse classe du peuple, étoit
un de ses oncles, qu'un riche Ecclésiastique avoit pris en amitié, lorsqu'il étoit
petit garçon, travaillant au jardin. Il
l'envoya à l'école, lui donna un peu
d'éducation, & le fit entrer dans l'Eglise,
probablement dans le dessein de le bien
pourvoir : mais hélas ! l'oncle de Marianne étoit à peine entré dans les Ordres, que son protecteur mourut, de
sorte que ce pauvre homme resta sans
appui, avec un peu de sçavoir & point
de pain. L'emploi le plus élevé auquel
il put jamais parvenir, fut un Vicariat
fort mince, qui ne produisoit que juste
ce qu'il falloit pour l'entretenir sur un
pied honnête. Mais comme son frere
avoit beaucoup d'enfans, il crut devoir
en prendre un à sa charge, & ce fut Marianne sur qui le sort tomba. Le Vicaire
remarqua dans sa niéce tant de bonté &
de douceur de caractère, qu'il eut beaucoup de tendresse pour elle, & prit toutes les peines possibles pour lui orner
l'esprit, non pas à la vérité, en lui en-
seignant le Grec & le Latin, mais en
lui inculquant de bonne heure des idées

& des principes qui l'auroient mise en état de paroître avec honneur dans un état plus relevé, qu'il ne comptoit même qu'elle pût jamais atteindre: cependant elle y joignit une vraie piété, & une telle modération, qu'il espéra qu'elle rempliroit un jour avec décence, honnêtement, & d'une maniere satisfaisante, l'état humble que la Providence lui avoit assigné. Cet honnête Ecclésiastique menoit une vie retirée, & si renfermée même, que cette pauvre petite créature ne voyoit guéres d'autre homme que son oncle; ainsi, cette ignorance totale du monde, fit que la bonté même de son cœur fut un piége pour sa vertu. Elle céda à Stanley par amour & par ignorance : elle l'aimoit, elle vivoit avec lui, non comme une maîtresse, mais comme une compagne ; & elle étoit bien capable de l'être, car elle avoit un trés-bon entendement. Quoique son oncle n'eût eu pour objet que de cultiver & enrichir son cœur, cela lui avoit en quelque sorte ouvert l'esprit ; & il ne lui manquoit que la conversation d'un homme de sens, pour la rendre capable d'y tenir bien sa place. Son oncle avoit non

G vj

feulement pris foin de fon ame ; mais
encore il lui avoit fait apprendre à faire
de la dentelle ; ce métier, lorfqu'elle
retourna chez fa mere , après la mort de
fon oncle , lui avoit fervi , en grande
partie , à foutenir la famille. Lorfqu'elle
n'étoit pas employée à cet ouvrage , elle
aidoit toujours fa mere , qui étoit une
femme auffi induftrieufe que pauvre. Le
hazard voulut que cette mere garda
Stanley dans fa maladie : ce fut le fort
de la fille d'aller aider fa mere ; & le
partage de Stanley, de gagner l'affection
innocente de la fille.

CHAPITRE XVIII.

Autre Miracle....... Quatre personnes toutes d'une famille honnête, sincères, & douées d'une amitié sans bornes l'une pour l'autre.

J'Ai entendu dire que les hommes sont portés à penser d'eux beaucoup mieux qu'ils ne méritent ; mais je suis souvent incliné à douter de cette maxime : nous nous trompons nous-mêmes quelquefois, aussi bien que le monde. Il semble que nous jugions de nos actions plus favorablement qu'un spectateur indifférent ; mais il y a certains momens où je crois que tout homme les apperçoit sous les couleurs qui leur conviennent, & où bien des choses, qui échappent même à la malignité & au mauvais naturel du monde, se trouvent avouées & condamnées dans son propre tribunal. Du moins, lorsque Stanley se vit à environ sept ou huit lieues de Londres, il lui passa par l'esprit bien des réflexions qui le fâ-

cherent. Il y en avoit auxquelles il n'a-
voit jamais penſé, d'autres lui avoient
fait plaiſir auparavant. Actuellement, les
circonſtances les plus légeres de ſon enfance, en quoi il avoit tant ſoit peu offenſé
ſon pere ou ſa mere, lui revenoient dans
l'eſprit, & lui cauſoient les plus vifs regrets.
Sa derniere expédition n'étoit plus voi-
lée du manteau brillant de la gloire, ni
embellie par l'honneur; le tout lui paroiſſoit préſentement ſous un jour différent. La douceur extrême & le bon
cœur de ſes parens, dont il avoit reçu
des preuves ſi frappantes, demandoient
de lui, ſuivant ſes idées actuelles, la
reconnoiſſance la plus tendre; & perſonne n'en avoit le cœur plus rempli
que lui. Avoir emprunté de l'argent,
avoir quitté Oxford, & s'en être allé
ſans que ſon Tuteur s'en fût apperçu,
étoient autant d'actions glorieuſes, à ſon
avis, quelques mois auparavant; aujour-
d'hui, il n'y voyoit plus que de la trom-
perie, des artifices bas, petits, mépri-
ſables, indignes d'un homme qui a
de l'honneur & du bon ſens. La gloire
de la Campagne n'étoit plus qu'illuſion,
folie, viſions. S'il s'étoit cru eſtimable

auparavant par son courage , il étoit honteux actuellement de la foiblesse qu'il avoit fait paroître.

Si-tôt qu'ils furent arrivés à la Ville , il fit ses excuses à son noble compagnon de voyage , & s'en alla tout de suite à la maison de son pere où il étoit déja attendu depuis quelque tems. La premiere personne qu'il rencontra fut Miss Stanley. Jamais la vue de son frere n'avoit été pour elle une chose indifférente : maintenant qu'il revenoit en bonne santé d'une expédition qu'elle n'avoit peut - être pas condamnée au tant que les autres , elle ne put s'empécher de le recevoir avec une joie extraordinaire , joie qui s'exprimoit si hautement , que son Pere accourut au bruit. Il embrassa son fils , & envoya Miss dire à sa mere , que George étoit arrivé. La jeune fille revint aussi - tôt avec Madame Stanley. Il n'est pas facile de décrire la scène qui se passa entr'eux. Sans doute que de tous les jeunes Guerriers qui retournerent après cette Campagne , pas un ne fut si bien reçu de toute sa famille , ni plus charmé de lui être réuni que notre Héros : cependant aucun d'eux ne parla beaucoup. De tems en tems, M. Stanley sembloit prendre un air sévere ; mais la fille disant qu'elle craignoit que son frere ne fût fatigué , ou qu'il n'avoit pas l'air de se bien porter , il n'en falloit pas davantage ; ce discours suffisoit pour relâcher l'air du vieux Gentilhomme, comme si ç'eût été par art magique. Quant à Madame Stanley, elle sourioit à demi, pleuroit presque , & avoit toujours les yeux fixés sur son fils. Tantôt elle soupiroit, tantôt elle essuyoit quelques pleurs qui s'échappoient ; mais elle parloit peu ou point du tout : le jeune homme luimême levoit les yeux de tems en tems, & vouloit s'adresser à elle , sans en avoir la force. Il regardoit son pere , & étoit sur le point de lui parler ; puis tournant ses regards sur sa mere , il trouvoit dans son sourire, une certaine nuance d'embarras & de chagrin, mêlée parmi la joye, qui parloit à son cœur , & lui faisoit garder le silence : cet état dura jusqu'à ce que le pere étant sorti de la chambre, pour joindre à quelqu'un qui le demandoit, la pauvre femme se leva pour embrasser son fils, qui s'élança de son siége, pour aller à sa rencontre , & alloit tomber à ses genoux, lorsque d'une voix foible, & avec un petit mouvement de tête, elle répéta ces mots : O George ! George ! .... Alors il vit qu'elle avoit besoin de son bras pour la soutenir.

M. Stanley revint précisément, lorsque le fils conduisoit sa mere à un fauteuil. Ce digne homme avoit déja vingt-deux ans de mariage ; mais chaque année lui avoit fait découvrir un nouveau mérite à sa femme, & conséquemment, avoit ajouté un nouveau degré à son affection pour elle. Il ne la vit pas plutôt dans l'état que nous venons de dire, qu'il la prit dans ses bras, & se tournant un peu brusquement vers son fils, il lui cria : Voyez cela, Monsieur, n'êtes vous pas honteux de vous-même ? C'en étoit trop pour George qui, sans rien répondre, sortit tout en pleurs ; & il ne fut pas plutôt en allé, que la pauvre Madame Stanley s'évanouit. A l'égard de George, il fut bientôt monté dans sa chambre & auprès de son lit. Il avoit le cœur trop rempli pour penser à rien : il étoit tout stupéfait ; mais sa sœur étant montée quelques momens après, le consola, en lui disant que sa mere demandoit à le voir.

Mon cher frere, ajoûta cette bonne fille, elle eſt aſſez bien maintenant : mais ſi vous n'allez pas ſur le champ, elle retombera.

Ces paroles produiſirent l'effet d'un enchantement : il ſe remit promptement, & alla trouver ſa mere, à qui cependant il ne dit preſque pas une parole. Il lui baiſoit les mains, c'étoit tout ſon langage. Le pere le remarqua, & voyant qu'une pareille entrevue ne faiſoit que les embarraſſer tous les deux, il s'adreſſa à ſa femme : Ma chere, lui dit-il, je crois que George doit être fatigué ; vous feriez mieux de l'envoyer coucher. Oui, répondit-elle : allez, mon cher, allez vous coucher : adieu ; laiſſez votre ſœur auprès de moi ; je ſuis maintenant aſſez bien ; bonne nuit. Le pauvre George ſe retira fort chagrin, & ſans rien dire ; il étoit fort touché de la maladie de ſa mere ; & ce n'étoit pas un foible ſurcroît de ſon chagrin, que de ſe regarder comme la cauſe de tout ce trouble.

Son pere le ſuivit dans ſa chambre. George ne le vit pas plutôt, qu'il ſe ſaiſit de ſes mains, & en même tems tomba à ſes genoux. Son pere l'arrêta :

Non , George , lui dit-il , nous sommes tous sujets à faire des fautes ; il me suffit que vous reffentiez la vôtre. Vous voyez l'état où fe trouve votre pauvre mere : elle a été fort malade ; fi vous paroiffez trifte , vous la rendrez encore plus mal , foyez donc gai : peu de jours de votre compagnie nous la rendront , fur-tout fi vous l'affurez que vous n'avez plus envie de la quitter comme vous avez fait. Oh ! Monfieur , lui répondit fon fils, rien n'eft capable de vous exprimer ma reconnoiffance de toutes vos bontés ; mais permettez-moi d'aller parler à ma mere , je ne vous demande pas plus de cinq minutes. A ces mots , il vola à fon appartement , & lui prenant la main : comment fe porte ma chere mere ? Que Dieu me pardonne de lui avoir caufé tant d'inquiétude & de mal ; en vérité , je ne ferai plus jamais un pas fans prendre vos avis. Ah ! George, lui répondit fa mere , je ne vous confeillerai iamais de faire une autre campagne. Eh ! bien, fur mon ame, s'écria le fils , je n'en ferai jamais ..... Jamais , George ? .... Non, j'en jure par ce que j'ai de plus facré ; jamais , ma chere mere, jamais

je n'y retournerai.....Soit, mon cher.
Eh ! bien donc, bonne nuit, mon enfant;
allez vous coucher ; que j'apprenne demain que vous ayez bien repofé.... Ah !
mon excellente mere , comment êtes
vous ? Puis-je efperer , que vous paffe-
rez bien la nuit ? Oui, George....Je ne
me fuis pas fi bien trouvée depuis quinze
jours : bon foir. Alors le jeune Stanley
fe retira.

CHAPITRE XIX.

Tout le monde en bonne humeur.

GRand Dieu ! qu'il feroit avanta-geux pour le genre humain, que les Médecins fuffent bien au fait de la doctrine des Opiats ! Une nuit de bon fommeil avoit fait un changement vifible fur les vifages de toute cette famille. La mere contente d'avoir fon fils avec elle, & perfuadée d'ailleurs qu'il n'avoit plus aucune envie de la quitter, fe trouva foulagée de toutes fes craintes, & s'étoit endormie heureufe & fatisfaite. Le fils, de fon côté, étoit fi content de lui-mê-me, que fa bonne humeur, & cette vivacité qui l'avoit toujours rendu d'un caractère fi aimable, étoient revenues : il croyoit avoir en quelque façon réparé tous les chagrins qu'il avoit caufés, en donnant des affurances que déformais il ne fe conduiroit que par les confeils de ceux à qui il étoit de fon devoir de fe foumettre. Quand ils fe furent rejoints le lendemain matin, leur converfation ne fut plus si embarrassée qu'elle l'avoit été la veille. En effet, quand Madame Stanley se vit seule avec son fils, elle ne put s'empêcher de lui demander encore, non sans quelque mouvement de crainte, s'il étoit déterminé sérieusement à rester à la maison ; & elle eut la satisfaction infinie d'en recevoir la même réponse qu'auparavant. Elle lui dit alors que son pere n'étoit pas dans le dessein de le renvoyer à l'Université, ni de le faire entrer dans l'Eglise ; parce qu'il craignoit que la tournure de son esprit, quoique propre à s'accommoder à tous les états, ne le fût pas à remplir les fonctions de l'état Ecclésiastique, pour lequel M. Stanley prétendoit qu'il falloit mener une vie constante & réguliere, & beaucoup de décence dans la conduite : que cette derniere échappée de son fils lui donnoit quelque lieu de penser qu'il pourroit bien de tems à autre, s'écarter un peu de cette route réguliere ; & que le Bénéfice qu'il avoit à sa nomination n'étoit pas une raison pour le déterminer. Quant au commerce, il n'avoit jamais pensé que son fils eût des dispositions pour cet état. Pourtant, mon cher

George, lui dit ſa mere, il faut bien vous déterminer à quelque choſe ; car vous ſçavez qu'il n'y a rien dont j'aye jamais fait ſi peu de cas que de ce caractère frivole & fainéant, que prennent certaines gens qui, ſe voyant un peu de bien, ſe contentent de s'entendre appeller Gentilhommes, ſans ſe mettre en peine de devenir utiles à eux-mêmes ou à leurs familles. J'eſpere, mon fils, que vous n'aurez pas ſi peu d'ambition, que de ne rien faire pour vous-méme, ou de vous contenter de devoir tout à l'induſtrie de votre pere. Il a plu à Dieu, mon enfant, de vous donner un entendement ſain : c'eſt à vous d'en faire un bon uſage. On m'a dit que vous étiez dans l'habitude d'étudier beaucoup à Oxford ; j'eſpere que votre tournée ne vous aura point donné de dégoût pour les ſciences : votre pere vous deſtine maintenant pour le Barreau ; on dit qu'il faut néceſſairement beaucoup d'application pour faire une certaine figure dans cette profeſſion. Je ferois bien fâchée, mon cher George, que vous ne vous fiſſiez pas un certain honneur, dans quelqu'état que vous embraſſiez : ainſi, il faut vous appliquer très-sérieusement, ou n'entreprendre pas la profession du Barreau. J'aimerois mieux encore que vous allassiez à l'armée, si vous étiez déterminé à ne bien faire que dans ce métier ; quoique, à vous dire vrai, l'armée..... Oh ! ma mere, répliqua vivement Stanley, ne m'en parlez point. Non, sur ma parole, je n'ai plus aucun dessein d'y aller. Puisque mon Pere m'a choisi le Barreau, je vous l'avoue, je préfere ce parti à celui de l'Eglise ; je me livrerai très - sérieusement à cette étude.

Il n'est pas facile de concevoir combien Madame Stanley fut satisfaite de cette conversation. Ils quitterent le ton sérieux, & se mirent à parler sans inquiétude, des aventures de la Campagne. Elle ne pouvoit pas pardonner au Colonel Morrice, quoique George reconnoissoit sincèrement qu'il avoit été seul à blâmer dans cette affaire : elle en vouloit un peu aussi à Martin, quoique George ne parlât de lui qu'avec transport ; car Madame Stanley, quoiqu'une des meilleures femmes du monde, étoit cependant une femme ; & elle ne pouvoit, dans son cœur, s'empêcher de con-

damner

damner Martin, comme la cause de l'excursion extravagante de son fils. A la vérité, elle admira beaucoup le Lord Belfont ; M. Sims lui en avoit déja fait auparavant un portrait fort avantageux ; & ce portrait étoit si pleinement justifié par toute la conduite de ce Seigneur envers son fils, qu'elle conçut pour lui beaucoup d'admiration & d'estime.

Tandis qu'ils étoient à converser ensemble, M. Sims arriva. Cet honnête homme revit avec la plus grande satisfaction, un Pupille pour qui il étoit rempli d'égards ; il est vrai que George fut un peu honteux de rencontrer ce bon homme qu'il avoit trompé, & à qui il en avoit ainsi imposé. Cela mit un peu de froid dans sa façon de le recevoir : mais l'aisance & la bonne humeur du Tuteur remirent bientôt le Pupille dans sa situation ordinaire. Quand Madame Stanley lui dit que George vouloit sérieusement s'appliquer à la Jurisprudence, il est impossible d'exprimer la joye que cet honnête homme en ressentit ; car il sçavoit que c'étoit la seule chose qui pût réellement & pleinement rétablir la paix de la famille.

Partie I.　　　　　　　　H

Il demanda des nouvelles de Martin &
du Lord Belfont , & ce fut avec un
grand plaisir qu'il trouva que ce Seigneur
avoit rempli son attente. Il résolut de
l'aller voir à l'instant , & crut qu'il étoit
à propos que George l'y accompagnât.
Tandis qu'ils étoient allés faire cette visite , Madame Stanley instruisit son mari
de la résolution où étoit George de se
livrer à l'étude des Loix.

CHAPITRE XX.

Conversation.

Milord Belfont & M. Sims avoient été liés très-intimement ensemble au Collége. Depuis ce tems, le tourbillon du monde avoit tellement entrainé le Lord, & M. Sims avoit été si retiré dans son Collége, que, pendant sept ans, toute correspondance avoit été suspendue entr'eux. M. Sims lui - même en avoit été la principale cause ; car quand il venoit à la Ville, (ce qui arrivoit bien rarement,) il trouvoit son noble ami enveloppé dans un cercle d'amusemens, qui étoient totalement étrangers à un homme de sa sorte, & qu'il n'approuvoit pas, bien loin d'y prendre part : de sorte que de tems à autre, si, dans une matinée, il avoit avec ce Lord une heure de conversation, il craignoit encore de le gêner beaucoup, quoiqu'il ne lui eût jamais donné par sa conduite aucune marque de mécontentement ni d'ennui. C'est pourquoi il difcontinua fes vifites. Le Lord Belfont lui avoit offert effectivement de l'introduire chez des gens de la plus haute volée, & même avec le plus grand ; M. Sims l'avoit toujours abfolument refufé. Quoique fort honnête homme au fond, il avoit une certaine timidité ridicule auprès des Grands, qui empêchoit qu'en effet, ils ne lui rendiffent aucun fervice ; & il y avoit d'autant moins d'apparence que jamais il la furmontât, que lui-même la prenoit pour un honnête éloignement de faire fervilement la cour aux gens en place : ainfi, la plûpart nous faifons de nos foîbleffes & de nos fautes une partie de notre caractère, en leur fubftituant d'autres noms. Mais quoique M. Sims eût évité toute liaifon avec ce Lord, il s'étoit cependant aventuré, fur le récit de M. Stanley, à lui demander une grace, la premiere qu'il eût jamais exigée de lui : & comme il n'avoit pas été fans quelque appréhenfion, que le monde dont il n'avoit pas bonne opinion, & la Cour dont il en avoit une fort mauvaife, n'euffent peut-être entierement changé fon caractère, il fut extrêmement joyeux au fond de l'ame, de ce qu'en dépit du monde & de la Cour, son ami se trouvoit encore un honnête homme.

Ce Lord reçut son vieux Tuteur & son jeune ami, non seulement avec politesse, mais encore avec zèle. M. Sims alloit le remercier de ses bontés pour Stanley ; mais Belfont l'arrêta sans paroître l'interrompre, en disant : Eh ! bien, mon ancien ami, j'ai bien des sujets de plainte contre vous .. ... Sept années de silence ! .... Vous m'aviez traité comme un Courtisan; vous m'avez bien dédommagé en me présentant un ami tel que M. Stanley..... Ainsi je vous pardonne..... Je ne me rappelle pas bien réellement comment l'un ni l'autre répondirent à ce compliment..... Je crois que Stanley s'inclina profondément, & marmota quelque chose entre ses dents... Milord.... sûrement.... l'honneur.... Mais le Pair vit leur embarras, & avec la plus grande aisance du monde, abrégea cette conversation, & la tourna tout-à-fait hors du ton complimenteur. Oserai-je vous dire, Lecteur, sur quelle matiere elle tomba ? Il n'y a personne à la

Cour qui se mît mieux que le Lord Belfont, personne à l'armée qui eût un équipage plus galant, personne à la campagne qui bût plus largement que lui : néanmoins pendant plus de deux heures, me croirez-vous, si je vous le dis? Pendant plus de deux heures, il ne parut ni homme de la Ville, ni Soldat, ni Courtisan : on ne parla pas un seul instant de nouvelles, du beau tems, de médisance, ni des modes : ils ne furent pourtant point embarrassés pour soutenir la conversation : il est vrai, qu'elle roula sur des sujets tels que Sims ne put s'empêcher de faire paroître quelque surprise de voir Milord si bien instruit, & il lui dit : Quoi, Milord, je sçais, il est vrai, qu'autrefois vous connoissiez bien votre Hérodote ; mais je croyois que dans le tourbillon des affaires & des plaisirs, vous auriez perdu la mémoire de tout cela. Entendez-vous cela, Monsieur Stanley, répliqua le Pair? Parce qu'actuellement il a perdu de vue lui-même notre connoissance, il conclut charitablement que quand je l'ai eu perdue, je ne conserverois pas davantage la moindre teinture de raison.....

Stanley & Sims alloient tous les deux reprendre la parole ; mais le Lord soupçon-
nant de leur part quelque compliment sur
ses connoissances , demanda à George,
mais de la maniere la plus polie , dans
quelle humeur il avoit trouvé son pere ?
& si son intervention ne pourroit pas lui
être utile , pour faire résoudre le vieux
Gentilhomme à le laisser continuer de
servir ? George remercia Milord dans les
termes les plus expressifs , & l'assura
que s'il avoit la liberté de suivre sa propre inclination, ce seroit d'avoir l'honneur de servir sous lui ; mais que toute
sa famille étoit si contraire à le laisser
retourner à l'armée, qu'il s'étoit cru obligé
par devoir, de sacrifier sa propre inclination : qu'ainsi il avoit engagé sa parole à ne plus y penser. Milord , continua-t-il , vous conviendrez vous-même,
que je suis obligé , plus que personne,
à seconder les desirs de mon pere. Vous
rappellez-vous cette lettre de lui , que
vous m'avez fait l'honneur de lire ?
Eh ! bien, Milord, puis-je refuser quelque
chose à un tel pere ? En effet, Monsieur
Stanley , lui dit-il , vous avez un bien
excellent pere ; mais sûrement...... M.

Sims prit la liberté de se mêler dans la conversation, & supplia le Lord de se ranger du côté de la famille, pour engager M. Stanley à rester à la maison. Tout cela fut dit d'un ton si chaud, si honnête, & en même tems si plein d'égards pour la profession des armes, que Milord ne put s'en offenser ; au contraire, se tournant vers son jeune ami, il lui dit : Eh ! bien, George, je suis réellement bien fâché de n'avoir pas votre compagnie à l'armée ; notre ami prétend que la vie de votre chere mere y est intéressée : je ne voudrois pas d'ailleurs vous solliciter à résister à la volonté de vos parens ; (en effet, entre autres qualités, ce Lord avoit celle d'être un bon fils ;) mais, continua - t - il, j'apprend que vous devez aller au Temple, cela vous rapproche de nous : quoique nous ne devions pas aller en campagne ensemble, j'espere du moins que, tant que je resterai ici, nous nous verrons souvent. N'allez pas me traiter comme a fait M. Sims, & oublier notre connoissance. N'êtes vous pas engagés tous les deux à dîner demain ? Sims s'écria tout d'un coup : Non, non, je ne dînerai pas ;

je viendrai, & je vous verrai, quand vous serez de loisir, seul, & un matin ; car vous êtes le seul homme à juste-au-corp galonné, avec qui je puisse supporter de m'asseoir. Cependant George promit de venir chez le Lord, comme il y alla réellement. En un mot, par le moyen du Lord Belfont, il fut en peu de jours aussi bien faufilé parmi le beau monde, qu'un Ambassadeur étranger. Son pere n'étoit pas informé de tout cela ; car pour ne point perdre de tems, il avoit aussi-tôt loué un appartement pour son fils ; moins il paroissoit à la Ville, plus son pere le croyoit appliqué à son nouveau genre d'étude ; & cette même raison consoloit M. Stanley de ce que son fils venoit rarement le voir.

CHAPITRE XXI.

Il est plus facile de former une résolution que de la tenir.

QUand George avoit promis à sa mere de ne plus penser à l'armée, & d'étudier le Droit , il parloit sérieusement , & comptoit bien remplir ces deux promesses. Mais quand il se vit entierement son maître , & caressé par un Grand, dont il admiroit le bon sens & les rares qualités , dont il estimoit le mérite , & de la conversation duquel un jeune homme qui doit vivre dans le monde, pouvoit certainement tirer de grands avantages , il n'est pas étonnant qu'il trouvât dans tous ces motifs, une excuse valable pour différer l'exécution de cette partie de sa promesse qui regardoit son application à l'étude des Loix. En effet, il ne cessoit de faire continuellement des résolutions de la remplir ; mais il survenoit toujours tantôt une chose , tantôt une autre , pour en remettre l'exécution à une autre fois. Une invitation de pez pas une pauvre & malheureuſe fille. Non, en vérité, répliqua le Docteur, je ne vous en impoſe pas : ſi vous voulez, je vais l'envoyer chercher. Moitié ſourire, moitié convulſion ſur ſon viſage, elle le regarda fixement, comme en héſitant ſur ce qu'elle avoit à faire ; à la fin : Non, dit-elle, il ne faut pas qu'il me voye ici ; puis pouſſant un ſoupir : cependant je ſerois bien aiſe de le voir..... mais il ne faut pas qu'il me voye. Eh ! bien, ma bonne Demoiſelle, dit-il, Suſanne vous aidera à aller juſqu'à la fenêtre, & je me promenerai devant avec Monſieur Stanley, pour vous couvaincre que je ne vous en impoſe pas. Stanley qui ne s'attendoit guères, en venant dans cette maiſon, que ſa précédente maitreſſe y fût, n'avoit envoyé chercher le Docteur que pour le remercier, & lui demander permiſſion d'aller le voir, afin de s'informer de la ſanté de ſa chere Léonore. Marianne le vit, & ſe jetta à genoux, pour rendre graces au Ciel de ſa délivrance ; mais il ne lui échappa pas une parole, que l'adroite Suſanne n'allât rapporter auſſi-tôt à ſa Dame. Cette femme n'étoit jamais en défaut

Ainsi il résolut de changer de conduite : mais le moyen de résister aux exemples d'un homme rempli de beaucoup de grandes & excellentes qualités qui méritoient son estime. C'est une situation bien délicate pour un jeune homme : il est peut-être plus aisé de subjuguer ses propres passions, que de ne pas se laisser entraîner par celles d'un autre, quand cet autre est un homme qu'on admire ; car il y a des graces heureuses ou malheureuses, que certaines gens ont à faire ce qui est mal, & qui nous font oublier qu'il est tel. Stanley étoit en quelque sorte excusable de se laisser entraîner par un homme qui possédoit l'art de donner à tout ce qu'il faisoit un air d'élégance & de convenance.

A la fin, George sentit sa foiblesse ; & ne pouvant plus résister à la tentation, il résolut d'en fuir les occasions. Il se tint trois jours entiers renfermé dans son appartement ; le second jour, il vit le domestique de Milord qui venoit chez lui ; il ferma sa porte, & le laissa frapper de toutes ses forces. Sa constance ne fut point ébranlée, il ne voulut point répondre ; quand ce garçun fut en allé, combien ne s'applaudit-il pas d'avoir réfifté à une telle attaque? Il fentit le ridicule, pour un homme d'une fortune fi bornée que la fienne, d'entretenir des liaifons avec un homme d'une auffi grande dépenfe que Milord. Le domeftique revint le foir, & encore le lendemain matin ; George perfifta toujours conftamment à le laiffer tonner à la porte. Il eut beau heurter, il eut beau crier ; cela ne produifit d'autre effet que celui du marteau qui frappe fur un cloud ; c'eft-à-dire, de l'attacher plus ferme. Non, George n'en fut que plus réfolu à fe tenir renfermé. La fociété de Milord ne pouvoit le mener à rien : fon devoir étoit, (il le voyoit bien,) d'étudier férieufement, & alors fa fortune feroit affurée..... Le quatrieme jour au matin, fon valet lui rendit une lettre que lui avoit remife celui du Lord Belfont. Elle étoit remplie des reproches les plus gracieux de fon abfence. George fe trouva embarraffé ; il avoit été reçu du Lord avec la plus grande politeffe ; & il ne pouvoit pas fe réfoudre de le payer d'un retour mal-féant, qui fen-

toit tant soit peu le mépris. Il se détermina à ce qui lui parut tout à la fois
honnête & convenable ; ce fut d'aller
visiter ce Seigneur, & de lui dire toute
la vérité franchement & sincèrement.

CHAPITRE XXII.

Celui - là prouve bien qu'il est véritablement ami, qui se défait de son argent en faveur d'un autre.

SUivant la résolution prise dans le Chapitre précédent, Stanley se rendit chez son noble ami, lui ouvrit entierement son cœur, & insista sur ce qu'il ne lui convenoit pas, & même qu'il lui étoit impossible de continuer à vivre comme il avoit fait. Le Pair ne put s'empêcher de sentir la justesse de ce raisonnement. Mon cher Stanley , lui dit-il, si c'est-là tout ce que vous avez à dire, il ne faut pas nous séparer pour cela ; & tirant un porte-feuille de sa poche : Stanley , lui dit-il, j'ai une faveur à vous demander ; vous ne devez pas me refuser. Je sçais qu'à l'endroit où je dîne aujourd'hui, il y aura grand jeu : & je suis obligé d'y aller cet après-midi. Voulez-vous que je sois de moitié avec vous ? Voilà deux petits billets de banque. Milord , reprit notre Héros , je vous fuis obligé : on fçait que je ne fuis pas d'un état à jouer fi gros jeu : & quiconque me verroit jouer ainfi , me regarderoit comme un fot ou un fou. Ce ne fut pas fans quelque émotion que George prononça ces mots : car quoiqu'il eût des obligations au Pair , & qu'il le reconnût , il avoit pourtant un certain orgueil , qui ne s'accommodoit point de cette offre , qui pourtant pouvoit être couverte par la politeffe dont elle étoit accompagnée. Le Lord vit bien qu'il étoit piqué : cela ne l'offenfa point. Allons , George, dit-il , c'en eft trop , que de me refufer une faveur telle que celle-là. Oui , mon ami , fi j'étois à court d'argent , & que vous en euffiez , fur mon ame , je n'en refuferois point de vous. Allons , George , permettez-moi de vous prêter deux cent livres fterlings. George voulut s'en excufer , mais inutilement : on le força de les accepter , & cela d'une maniere telle que fon orgueil ne pouvoit en prendre ombrage : il confentit à aller trouver le Pair à dîner , réfolu cependant de ne point jouer. Mais à quoi fervent les résolutions ? La seule façon que je connoisse de ne pas les rompre le plus souvent, c'est d'en faire bien rarement : car je crois que nous pourrions échapper bien des mauvais pas, si nous n'avions point déterminé auparavant de ne point les faire. Je ne sçais si c'est le diable qui redouble alors ses efforts , ou par quelqu'autre cause ; mais il est sûr que les choses ont souvent un double attrait , quand ce sont celles contre lesquelles nous avions formé des résolutions. Un peu de peine rehausse le prix des plaisirs ; & pour un homme qui a un peu de conscience , il y a quelque peine à violer sa résolution ; du moins ce fut le cas de George ; car il eut un combat à livrer contre lui-même ; mais il ne put résister à la tentation : il joua , & soit par un effet de la science du jeu , par hazard, ou par dessein formé de la part de quelqu'un des acteurs qui crut l'attirer, George gagna cette soirée quatre cents guinées. Il se trouva le lendemain matin à déjeûner avec son ami Belfont , & le pria d'accepter les quatre cents livres , disant qu'il n'avoit joué que comme son agent : mais le Lord le refusa très-positivement. A la vérité , il ne

put s'empêcher de prendre les deux cents
livres qu'il lui avoit prêtées. Il les prit
donc, en difant : » Je me réjouis de tout
» mon cœur de votre fuccès, mon cher
» Stanley ; mais comme je fuis obligé de
» retourner dans peu de jours en Alle-
» magne, il faut, avant que de partir,
» que je vous donne quelques règles de
» prudence. L'homme à qui je vois que
» vous avez gagné cette pacotille, a,
» j'en fuis sûr, des deffeins fur vous ; je
» le connois pour un coquin décidé ; ne
» jouez jamais avec lui, du moins feul.
» Maintenant, George, vous parlez d'é-
» tudier le Droit ; je me flatte, mon
» cher enfant, que c'eft moins l'amour
» de la diffipation, que votre bon naturel
» & l'envie de me tenir compagnie, qui
» vous ont arraché du Temple. Je vais
» aller à la campagne pour quelques
» mois ; pendant ce tems-là, étudiez
» tout autant qu'il vous plaira : faites en
» forte, mon cher George, que ces har-
» pies ne vous arrachent pas le gain de
» votre dernière foirée. Je fuis convaincu
» que, depuis quelque tems, vous devez
» avoir fait beaucoup de dépenfe ; or,
» agiffez-en avec moi en ami : s'il vous en

» faut davantage pour acquitter les dettes
» que je puis vous avoir occasionnées,
» parlez-moi franchement, & souffrez
» que je vous fournisse cette somme ».
Jusques-là Stanley s'étoit reconnu chargé
des plus grandes obligations envers Belfont ; mais cette conversation fut encore
une preuve plus forte de son amitié. Le
cœur de George succomba sous le poids
de sa reconnoissance ; & quelques jours
après, lorsque le Lord partit, il ne laissa
à Londres personne qui eût pour lui autant d'amitié que George. Pour lors, ce
Seigneur n'y étant plus, Stanley prit sérieusement la résolution de quitter ce
train de vie, de payer ses dettes & de
s'appliquer à l'étude.

CHAPITRE XXIII.

Où le Lecteur commencera à connoître la charmante Léonore.

IL y a long-tems que nous n'avons parlé de ce qui se passoit dans la Ville. M. Stanley avoit découvert que son fils n'étoit pas toujours à la salle de Westminster, quand on ne le trouvoit pas dans son appartement. Ce pere avoit rencontré d'autres Etudians du Temple ; jamais il n'en avoit vu un seul de la connoissance de son fils. D'abord, il avoit imaginé que George, confus de sa folie & de son extravagance passée, s'étoit consacré entierement au parti de l'étude, & qu'il voyoit peu de compagnies: mais un de ses voisins, M. Stun, potier d'étain, homme de bonne humeur, & qui n'aimoit rien tant que de s'écouter parler lui-même, étant venu chez M. Stanley, les entretint tous du détail des habits neufs de sa fille ; & par hazard, après avoir enfilé un grand nombre de mots, il finit par une phrase qui, du moins, obligea M. & Mde. Stan-

ley à lui prêter attention. » A propos, dit-
» il, Molly, ma fille, étoit à la Comédie
» l’autre jour, & même aux premieres
» places ; elle & sa mere m’ont couté
» dix schellings, rien que pour les bil-
» lets ; mais n’importe : vous le sçaviez
» déja, je parie ; votre fils vous en aura
» dit quelque chose, quoiqu’il n’ait pas
» fait semblant de connoître Molly. Mais
» je ne m’embarrasse pas de tous ses
» beaux habits gallonnés ; il ne doit pas
» être si fier, ce me semble ». Le plus
léger petit mot suffit quelquefois pour
découvrir beaucoup de grandes choses, comme une ligne droite tirée du
centre d’un labyrinthe , qui, sans aucun
fil pour conduire par tous les détours
& retours , vous amene tout d’un coup
au dehors. Or , ces mots de beaux
habits gallonnés firent cet effet sur Mde.
Stanley ; car il ne manque jamais de gens
pour raconter ce qu’on ne voudroit pas
entendre. Ils avoient déja oui dire que
leur fils étoit un jeune homme qui s’ha-
billoit sur le bon ton, & qu’à beaucoup
d’autres égards , il étoit plus brillant
qu’un simple particulier ne souhaite de
voir son fils : car M. Stanley étoit un

honnête homme & un homme senfé ;
mais pourtant c'étoit un Bourgeois, il
n'aimoit point les habits magnifiques, &
les regardoit comme des indices certains
de la fainéantife & de la diffipation. Mde.
Stanley étoit à peu près du même avis ;
& fongeant que ces rapports étoient un
prétexte favorable qui l'autoriferoit à parler férieufement à fon fils, elle l'excufa
auprès de M. Stun, en difant, qu'affurément, fi fon fils n'avoit point parlé à
Miff, il falloit que c'eût été par erreur,
& qu'elle prioit Miff & fa Mere de venir
le lendemain prendre le thé avec elle.
Stun promit pour fa femme & fa fille,
qu'elles ne manqueroient pas de s'y rendre. Mde Stanley étoit connue de toutes
les premieres perfonnes de la Ville, mais
elle les vifitoit fort rarement : quant au
quartier où réfide la Cour, elle n'y
alloit jamais dans aucunes affemblées,
quoique quelques-unes de fes voifines ne
fuffent jamais fi contentes que quand on
les y voyoit paroître.

Il y avoit, à la vérité, une Dame de
diftinction avec qui elle entretenoit une
liaifon affez intime : c'étoit une Douairiere nommée Lady Filmore. Elle étoit

connue encore de deux ou trois autres
femmes de qualité qui difoient toujours
du bien d'elle, parce qu'elle ne manquoit
jamais de leur rendre les égards qui leur
étoient dus, fans cependant paroître en-
toufiafmée de leur dignité. Auffi plufieurs
de fes voifines fe faifoient-elles gloire
d'être au nombre de celles qui lui rendoient des vifites.

M. & Mde. Stanley ne furent pas plutôt feuls, que le mari lui fit cette remarque : » Vous voyez, ma chere, jufqu'à
» quel point cet extravagant nous en
» impofe ? Il paffe tout fon tems à s'ha-
» biller & à courir les Spectacles ». En
effet, Monfieur Stanley, répondit à
femme, cela m'inquiette. Mais Mde.
Stun & fa fille viendront ici demain,
& nous fçaurons d'elles fi par hazard
elles ne fe feroient pas méprifes. » Ma
» chere, répliqua le mari, ce n'eft pas
» la premiere fois que nous entendons
» parler de fes folies. Quoi qu'il en foit,
» j'irai au Temple demain matin, & j'y
» prendrai toutes les informations que
» je pourrai fur la maniere dont il paffe
» fon tems.

Miff Stanley aimoit réellement fon

frere: instruite des intentions de son pere, elle ne put s'empécher d'en être inquiette. Miss Stanley étoit dans l'habitude de passer huit ou quinze jours de suite avec Miss Filmore, petite fille de la Dame dont nous avons parlé ci - dessus ; dans ces occasions, elle avoit quelquefois vu son frere, sans en avoir été apperçue elle - même, l'avoit rencontré souvent avec des habits & même des compagnies qui n'étoient assortis ni à son état ni à son caractere. Cela lui fit appréhender que le voyage de son pere au Temple ne lui en fît découvrir plus qu'il ne voudroit. Embarrassée comment s'y prendre, elle envoya un petit billet à Miss Filmore son amie, avec qui elle vivoit depuis long-tems dans la plus étroite intimité. Elle prioit cette Demoiselle d'arranger une tournée dans la Ville pour le lendemain le plus matin qu'elle pourroit. Lady Filmore étoit veuve depuis vingt ans, & avoit un douaire de douze cents livres sterlings par an : ses dépenses & ses charités qui étoient assez considérables, n'excédoient jamais cette somme: aussi elle la dépensoit à peu près tous les ans, quoiqu'elle fût d'avis que c'étoit

une

une espèce de devoir de réserver quelque chose pour le besoin. Le plus jeune de ses fils, & son favori, s'étoit marié sans son consentement, & s'étoit allié à une famille où elle n'auroit pas voulu qu'il entrât ; mais ayant vu que la chose étoit sans remede, & que l'épouse de son fils étoit une femme remplie de mérite & de bonté, la mere l'avoit toujours traitée comme sa fille, & maintenant aimoit & traitoit Miss Filmore, leur fille unique, comme la sienne propre. Cette jeune Demoiselle attirera l'attention du Lecteur par la suite, & même, je l'espere, méritera ses suffrages : je n'ai pas pu m'empêcher de dire ce peu de mots touchant son amie & sa gardienne, la personne à qui elle étoit redevable de son entretien, de son éducation, & en effet, de tout au monde. Quant à la jeune Demoiselle elle-même & à sa famille, leur histoire mérite une livre séparément.

Dans une visite que George fit à sa sœur chez Lady Filmore, à son retour d'Allemagne, il avoit vu pour la premiere fois cette jeune Demoiselle. Il n'étoit pas d'un tempérament à se trouver dans la compagnie d'une jolie fille, sans s'appercevoir qu'elle l'étoit : cependant il avoit un si grand foible pour sa petite Allemande, que, quoiqu'il ne pût s'empêcher de distinguer une belle femme, il s'en tenoit là , & se contentoit de lui rendre justice. A sa premiere visite, il n'avoit fait que badiner avec sa sœur en la quittant, & lui avoit dit en riant qu'elle recevroit plus souvent sa visite, maintenant qu'elle étoit avec Miss Filmore. Mais cela avoit été dit d'un air si léger, que Miss Stanley , en se tournant vers sa compagne, lui dit : » Eh bien , ma chere » Léonore, c'est une nouvelle obligation » que je vous aurai; George dit que, pour » avoir le plaisir de vous voir, il viendra » souvent me rendre visite ». Léonore répondit en souriant , qu'elle seroit toujours charmée de voir le frere de Miss Stanley.

Je ne sçais comment la chose arriva; il ne se passa rien du tout de particulier ce matin dans leur conversation. Lady Filmore étoit dehors par hazard , de sorte que George trouvant ces deux Demoiselles seules, leur avoit parlé long-tems ; mais ce n'avoit été que du babil tout pur, & Miss Filmore n'étoit pas assez foible pour prendre ce que George avoit dit en les quittant, pour autre chose qu'un compliment : cependant il faut avouer que Léonore n'étoit point du tout mécontente..... Miss Stanley étoit si engouée de son frere, qu'elle étoit continuellement occupée à lui en dire tantôt une chose, tantôt une autre. Cette amie n'étoit point fâchée que la conversation roulât sur son chapitre ; ce n'est pas que je veuille insinuer qu'elle eût la pensée la plus éloignée de jamais recevoir George sur le pied d'Amant : elle estimoit réellement Miss Stanley, & il y a dans ce qu'on appelle amour de famille, quelque chose de si engageant & de si admirable, que je n'en ai jamais vu un exemple réel & sans affectation, qu'il n'ait touché même ceux que j'aurois le moins soupçonnés d'être sensibles aux affections douces. Il ne faut donc pas être surpris si Léonore, qui étoit un modèle accompli de bonté d'ame & de complaisance naturelle, ne trouva pas mauvais qu'une amie qu'elle estimoit beaucoup, lui parlât favorablement d'un frere qui méritoit toute sa tendresse. Mais il est tems de finir ce Chapitre : ainsi, je vais pour le présent cesser d'en parler,

après vous avoir dit que , quelque irréguliere que fût la vie que George
menoit alors , il fut auſſi aſſidu à viſiter
ſa ſœur , tant qu'elle reſta chez Lady
Filmore , que la décence pouvoit le permettre. Se voyant poſſeſſeur d'une bonne
ſomme d'argent, il n'oublia pas ſa petite
Allemande , à laquelle , en effet , il ne
pouvoit s'empêcher de penſer , ſans cho-
quer les regles de la ſimple reconnoiſſance. Or , malgré tout ce que la pauvre
petite put lui dire au contraire , il dé-
penſa près de cent livres ſterlings , pour
lui fournir des choſes dont elle auroit
mieux aimé ſe paſſer. Stanley qui étoit
d'un caractere vraiment généreux , avoit
pris la réſolution de profiter de cette
occaſion d'exercer ſa généroſité ; c'étoit
la premiere qui ſe fût rencontrée depuis
ſon arrivée en Angleterre. Après l'avoir
fait , & avoir aquitté ſes dettes , il ne lui
reſtoit plus que ſoixante-dix guinées : il
voulut les donner à Marianne ; mais elle
fit connoître alors qu'elle méritoit bien ce
préſent , par ſon obſtination à le refuſer.
En vain Stanley proteſta qu'il n'avoit pas
beſoin d'argent, qu'il avoit réſolu de
quitter le genre de vie qu'il avoit mené

jufques-là, & de s'attacher à fes livres ; que pour cela, fa penfion étoit plus que fuffifante. Cette pauvre malheureufe répondit qu'elle n'avoit donc pas befoin d'argent, puifqu'il lui faifoit un préfent plus précieux que l'or, en difant, qu'il avoit deffein à l'avenir de vivre comme le bon fens le lui dicteroit, & comme elle avoit toùjours defiré qu'il fît. La pauvre Marianne fe trouvoit plus heureufe qu'elle n'avoit été depuis quelque tems. Stanley refta à dîner avec elle, fut d'une humeur charmante, & promit de venir dans peu la revoir.

CHAPITRE XXIV.

Notre Héros découvre qu'il est amoureux.

MOnsieur Stanley, le pere, courut le lendemain matin au Temple, comme il l'avoit prémédité ; mais il ne put rencontrer son fils nulle part. George étoit allé ce matin faire le meilleur usage possible de son gain : il étoit allé payer son Tailleur, son Cordonnier, son Marchand Mercier , son Aubergiste , son Perruquier , & toute la sequelle des créanciers incommodes qui , depuis un mois ou six semaines , avoient déja presque usé ses escaliers ; de sorte qu'il fut impossible à son pere de converser personnellement avec lui. Etant retourné l'après-dîner à sa chambre , (car il avoit employé toute la matinée à se débarrasser de toute cette foule importune), il avoit appris que son pere étoit venu le demander ; comme il n'avoit pas paru depuis quelque tems à la Ville , il projetta d'y aller faire une visite cet après dîner. Il n'auroit jamais pu choisir un tems plus

propre pour paroître avec la conscience
nette devant son pere & sa mere ; car
il avoit alors aquitté toutes ses dettes ,
& formé la résolution de n'en point
contracter de nouvelles, & de s'adonner
sérieusement à ses études. Aussi pendant
toute sa route , il étoit occupé à se féliciter lui-même sur le mérite des bons
propos qu'il avoit médités.

Tandis qu'il fait cette promenade
satisfaisante , retournons un peu à Miss
Stanley. Miss Filmore n'eut pas plutôt
reçu le message de son amie, qu'elle obtint de sa grand'maman, la permission
d'aller passer la journée avec elle , &
la vieille Dame lui recommanda d'amener au logis Miss Stanley , pour y passer
au moins un ou deux jours. Dès que ces
deux jeunes amies furent ensemble, Miss
Stanley parla à Léonore du voyage de
son pere au Temple & du sujet qui l'y
avoit conduit. Elle marqua beaucoup de
crainte que son frere n'encourût la dis-
grace de son Pere : c'est pour cela, di-
soit-elle, qu'elle avoit envoyé demander
l'assistance de Léonore, pour trouver le
moyen de faire différer le voyage de son
pere , jusqu'à ce que son frere en fût in-

formé ; mais Léonore avoit trop différé, de sorte que bien loin de s'y trouver à tems pour empêcher le vieux Gentilhomme d'y aller, elles venoient, dans le moment, de l'entendre remonter les degrés à son retour ; sur quoi Miss Filmore s'écria : Passons dans la salle à manger ; nous découvrirons bien-tôt si votre papa a vu votre frere, & vous pourrez aussi sçavoir de votre mere, s'il a appris quelque chose de pis que cette vilaine tracasserie sur ses beaux habits; sinon, vous n'avez d'autre parti que de lui écrire un mot de toute cette affaire, & de le laisser se tirer de-là lui-même ; il en viendra aisément à bout. Cependant, Fanny, à vous parler vrai, comme vous aimez votre frere, il seroit peut-être mieux de laisser M. Stanley découvrir tout ce qu'il pourra. Tout ce qu'il pourra, Miss! que voulez-vous donc dire ? Je ne vois pas qu'il y ait rien de si répréhensible pour un jeune homme de porter un bel habit. Je sçais pourtant que, quoiqu'une bagatelle au fond, cela donnera de l'inquiétude à mon papa : cependant il n'y a sûrement rien de mal à cela. Arrêtez, ma chere Fanny, répondit son amie ; avez-vous oublié en quelle compagnie nous l'avons vu, & à quel point vous en étiez en colere contre lui ? Mais ce n'eſt pas là tout, je vous aſſure. A Dieu ne plaiſe que je cherche à trouver des défauts dans le frere de mon amie. Quoique je ne vous aye jamais vu vous échauffer avec ſi peu de raiſon, je ne m'en offenſe pas ; car l'amour que vous portez à votre frere eſt certainement louable : mais chacun n'eſt pas obligé de le voir avec les mêmes yeux..... Ici elle héſita ; Fanny la pria de continuer. Eh ! bien, dit-elle, un ou deux jours aprés que vous nous eûtes quittées, Lady Filmore a rencontré votre frere au Parc, & l'a prié de venir dîner au logis. M. Claſſick, pour qui ma grand'maman a beaucoup de vénération, y dînoit auſſi. Votre frere eut avec lui une longue converſation ; il y prit beaucoup d'eſtime pour votre frere : en effet, il avoit quelque choſe de ſi modeſte dans ſa maniere, & de ſi ſenſé dans ſes diſcours, que je ne ſuis pas ſurpriſe que ma grand'maman & ce Gentilhomme en ayent été ſi ſatis-faits. Nous avions à peine fini de prendre le thé, que nous vîmes entrer Sir Harry mon couſin. Il vient rarement en viſite

I y

chez Milady, quoique fon proche parent; car elle fçait qu'il mene une vie fi débordée, qu'elle n'eft pas curieufe de le voir fouvent. Dès qu'il fut entré, il falua votre frere avec un air de familiarité dont ma grand'maman fut un peu étonnée. Quand M. Stanley fut parti, (car il s'en alla auffi-tôt après), elle demanda à Sir Harry depuis quand il le connoiffoit. Sir Harry, qui eft un fameux étourdi, dit beaucoup de chofes à fa louange; mais je vous affure que fes louanges n'ont pas beaucoup de crédit: en un mot, il l'appella le plus honnête garçon, le meilleur enfant..... & je me reffouviens qu'il finit par dire qu'il étoit fâcheux qu'un fi joli garçon fe dépêchât tant de vivre, & qu'il étoit impoffible qu'il y tînt long-tems. Quand nous fûmes feules, ma grand'maman, fort inquiette de ce qu'elle avoit entendu, réfolut d'envoyer chercher votre frere, & de tenter fi fes confeils pourroient lui être de quelque utilité. Elle lui parla deux bonnes heures, & me dit enfuite que ce feroit un aimable jeune homme, s'il vouloit faire ufage de fon excellent entendement. J'efpere, ajouta-t-elle, que ce que je lui ai dit le fera rentrer en lui-même. J'ai promis de ne point en parler à sa mere ; ainsi, ma chere, n'en parlez pas non plus..... Or, Fanny, vous voyez qu'il y a plus de choses à découvrir que vous n'auriez cru, ou que ce qui a rapport à ses beaux habits. Si les avis de ma grand'maman n'operent point sur son esprit, vous feriez peut-être mieux de laisser M. Stanley user de son autorité pour le sauver de sa ruine. Fanny remercia son amie, lui demanda pardon, & dit : Eh ! bien, pensez - vous réellement que je doive laisser découvrir tout à mon papa ? Son amie lui répondit vivement : Non ; descendons, ensuite nous résoudrons ce qu'il y aura à faire. Cette conversation finissoit, lorsque Madame Stanley, que son mari avoit fait appeller, arrivoit auprès de lui. Les jeunes Demoiselles s'apperçurent aisément qu'ils n'étoient contens ni l'un ni l'autre. Les vieux auroient voulu être seuls, & les jeunes filles ne demandoient pas mieux non plus ; mais elles desiroient auparavant apprendre le résultat de la recherche de Monsieur Stanley, & s'il avoit vu son fils, ou non. Miss Filmore auroit pu fort aisément y parvenir, en lui faisant cette question polie : Vous avez vu sans doute M. Stanley, Monsieur ; comment se porte-t-il ? Peut-être même qu'elle l'auroit dû faire. Mais souvent parce que nous connoissons nous-mêmes nos desseins, nous agissons avec les autres, comme s'ils les soupçonnoient, & ainsi, par pure précaution, nous ne profitons pas des choses mêmes qui rempliroient le mieux nos vues. Heureusement, Madame Stanley visoit au même but, & n'ayant pas comme l'autre, l'appréhension d'une découverte, elle demanda à son mari s'il avoit vu George. Non, ma chere, répliqua-t-il, je n'ai pas saisi l'heure favorable pour le trouver. Il prononça ce peu de mots d'un ton si inquiet & si mystérieux, que les deux jeunes Miss, ainsi que Madame Stanley, le comprirent parfaitement. Ces deux amies laisserent bientôt après le pere & la mere seuls, & dès qu'elles furent retirées en particulier, Léonore dit : Eh ! bien, Fanny, vous voyez comment vont les choses : ce que vous avez à faire, c'est de rendre compte à votre frere de tout absolument, afin qu'il prenne lui-même les mesures. C'est

ce qui fut fait fur le champ. Malheureu-
fement, la lettre n'eut pas le tems d'être
remife à George : il vint fans être préparé, chez fon pere, où Madame Stun &
fa belle fille étoient arrivées immédiate-
ment avant lui.

A l'égard de Madame Stun, je n'ai rien
de plus à en dire, fi ce n'eft qu'elle n'a-
voit rien tant à cœur que de faire la petite maîtreffe ; & fi faire enrager fon mari,
dépenfer à tort & à travers tout l'argent
qu'elle peut avoir, & beaucoup d'autre
encore, négliger les affaires de fa maifon, mal employer fon tems, avoir la
plus haute opinion de foi-même, & méprifer le refte du monde ; fi, dis-je, ce
font là les qualités qui conftituent une
belle Dame, il n'y a point dans tout le
Royaume, une plus belle Dame que Madame Stun. Quant à Miff, elle avoit demeuré fept ans dans une penfion, & fon
éducation venoit d'être achevée ; c'eft-à-
dire, qu'elle danfoit fort bien, parloit
François tant bien que mal, & l'Anglois
peut-être plus mal encore : en un mot,
elle étoit l'admiration de fon papa, de
fa maman, & d'elle-même. Elle avoit
été rarement contredite chez elle, & à

fa penfion jamais : car fon pere étoit généreux, & Madame fa Gouvernante avoit
eu foin de rendre à Miff, l'école auffi
agréable qu'il lui avoit été poffible, de
crainte qu'on ne la lui ôtât. Ainfi, Miff
avoit pris l'habitude de dire tout ce qui
lui plaifoit, & communément, il lui
plaifoit de dire beaucoup de miferes, furtout quand elle étoit en colere ; ce qui
ne manquoit jamais d'arriver, pour le
peu qu'elle crût qu'on lui manquoit d'é-
gards. Dans ces momens, fa maman étoit
fi charmée de fon efprit, que Miff gar-
doit rarement le filence, jufqu'à ce qu'elle
eût déplu à toutes les perfonnes de la
compagnie. Qu'un jeune homme de fens
& bien élevé doit être malheureux, quand
un pareil objet fe met dans la tête d'en
avoir été méprifée ! George étoit précifément dans le cas. Quand il entra dans
la falle, ce fut avec un air fi aifé & fi fatisfait, que fa fœur en conclut qu'il avoit
reçu fa lettre, & qu'il étoit préparé. Mais
à peine avoit-il falué la compagnie, que
Miff Stun l'entreprit. Ah, ah ! Monfieur,
vous voudrez bien me reconnoître au-
jourdhui, parce que votre maman eft
ici ? George regarda tout autour de lui,

sans pouvoir lui répliquer. Il s'étoit passé plusieurs années depuis que Miss Stun & lui ne s'étoient rencontrés ensemble, & réellement il ne la connoissoit pas. Cependant sa sœur l'ayant informé qui elle étoit, il fit à Miss des excuses qui l'appaiserent un peu : mais elle revint bientôt à la charge, & lui dit impertinemment : Sans doute, parce que vous aviez un bel habit galonné, vous vous seriez cru déshonoré de parler à une personne de la Ville?

Il est surprenant combien l'esprit de l'homme est capable de faire de chemin en un instant, & combien la moindre indication lui fait comprendre de choses tout à la fois. George, tout en s'en allant à la Ville, s'étoit consolé en lui-même avec beaucoup de satisfaction, de ce qu'on n'avoit découvert aucun de ses déréglemens, & de ce qu'ils étoient passés sans causer de déplaisir à son pere : mais ces deux propos impertinens le frapperent comme d'un coup de foudre, quelqu'indifférens qu'ils pussent paroître. Quand une fois nous avons pris l'allarme, pour le peu que nous aquerrions de lumieres, nous sommes portés à craindre que tout ne foit découvert. Toutes les fois que Stanley étoit venu en vifite chez fon pere, il avoit toujours affecté de porter un habit fort fimple, parce qu'il fçavoit que c'étoit le plus agréable à fon pere. Son imagination allarmée lui repréfenta ces des deux mots fimples : *un fi bel habit*, comme le fil qui devoit conduire fon pere à la connoiffance de toutes fes autres extravagances. Dans fon embarras, il répondit à fa belle antagonifte : Qui donc ? moi un fi bel habit, Madame ? Léonore vit fon embarras, & comme elle avoit le naturel excellent, elle ne put s'empêcher de faire fon poffible pour le tirer de ce pas. Peut-être, Monfieur Stanley, dit-elle, Miff Stun aura-t-elle pris M. Robert pour vous ; il vous reffemble beaucoup, & vous fçavez qu'il eft toujours vétu magnifiquement. Que M. Robert reffemblât à George, ou non, c'eft ce que perfonne de la compagnie ne pouvoit difputer, ne le connoiffant pas ; mais probablement, il y avoit entr'eux quelque reffemblance ; fans cela, Miff Filmore, qui étoit une jeune perfonne pleine de vérité, ne l'auroit pas voulu dire. Je ne fçaurois refufer

ici de rendre quelque justice au beau
Sexe : je gagerois qu'une jeune fille de
quinze ans , avec toute l'innocence qui
peut orner son sexe , l'emportera sur
toute la ruse , l'adresse & l'expérience
consommée d'un vieux Conseiller d'Etat
de soixante ans , lorsqu'il s'agira de trouver sur le champ un moyen de se tirer
d'affaire. George fut fort obligé à Léonore de le débarrasser ainsi , & prenant
la balle au bond , il dit que c'étoit la
chose du monde la plus ressemblante ,
& que M. Robert avoit été pris vingt
fois pour lui. Il ajouta adroitement que
l'on ne pourroit jamais les distinguer l'un
de l'autre , sans leur façon différente de
s'habiller. Cette derniere observation de
George lui plut beaucoup dans le moment , quoique dans la suite , il se rappella qu'il avoit outré son rôle. Il connoissoit sa mere trop clairvoyante , pour
n'avoir pas remarqué son embarras , &
n'en avoir pas inféré quelque chose qu'il
auroit bien voulu cacher. Bientôt après ,
on vint avertir Miss Filmore que son carrosse étoit à la porte : elle avoit obtenu auparavant de Madame Stanley , de la laisser emmener sa fille passer quelques jours

avec elle : en conséquence , Miss Stanley
partit avec son amie , & George les ac-
compagna. Madame Stanley, convaincue
alors des progrès qu'avoit faits son fils
dans l'art de se bien habiller , ne jugea
pas qu'il fût nécessaire de questionner davantage ces Dames , & ne fut point du
tout fâchée, quand elle les vit prendre
congé.

CHAPITRE XXV.

Les femmes de mauvaise vie ne sont pas les plus méchantes des femmes.

Sitôt qu'elles furent montées en carosse, Miss Stanley voyant que son frere n'avoit pas encore reçu la lettre qu'elle lui avoit écrite, lui parla de la promenade que leur pere avoit faite le matin au Temple, & du dessein qui l'y avoit conduit. George étoit si rempli de reconnoissance pour sa sœur, de lui avoir écrit cette lettre, qu'elle lui répondit en riant : En vérité, mon frere, je suis honteuse de m'avoir attribué un mérite qui ne m'appartient pas ; car en honneur, j'aurois été fort embarrassée quel parti prendre, si mon amie ne m'eût aidée de son conseil. Elle prononça ces mots dans toute la simplicité de son cœur ; cependant elle ne pouvoit jamais rien dire de si propre à faire tomber tout d'un coup la conversation : on en sera peut-être surpris ; car ils n'avoient rien en eux-mêmes qui pût promettre un tel effet, & même ils ne l'auroient pas produit non plus, si une certaine cause que Miss Filmore ignoroit elle-même, n'eût opéré sur son esprit.

Depuis l'enfance elle avoit conservé une grande intimité avec Miss Stanley ; cette jeune Demoiselle toujours prévenue pour son frere, avoit souvent fait de ses bonnes qualités le sujet de leurs conversations. Miss Filmore ne pensoit guères, qu'en écoutant les louanges du frere de son amie, elle disposoit son propre cœur à le recevoir comme amant ; elle ne le soupçonnoit pas même : cependant, soit que l'air de George annonçât une reconnoissance plus qu'ordinaire, pour l'avis qu'elle avoit donné à sa sœur, soit par quelque autre cause, ses belles joues se couvrirent d'un incarnat vif, autant qu'elles l'auroient été probablement, s'il eût absolument découvert qu'elle ne seroit pas fâchée de se voir maîtresse de son cœur. Stanley s'étant remis un peu, fit ses remercimens à Miss Filmore ; mais sa conversation n'avoit plus ce tour libre & aisé, qui lui étoit ordinaire ; de sorte qu'il ne fut pas fâché quand ils arriverent chez Lady Filmore : il s'excufa d'y refter à fouper, & fe hâta de revenir à la maifon ; car il avoit befoin de fe trouver feul.

La crainte d'encourir le reffentiment de fon pere, à caufe de la façon dont il paffoit fon tems, lui donna beaucoup d'inquiétude. En effet, ce pere devoit juger qu'il menoit toujours la même vie, puifque fes réfolutions de fe corriger n'avoient pas duré plus d'une femaine de tems, & qu'ainfi il n'y avoit point à compter fur fa fincérité. Ce qui lui occupoit maintenant l'efprit étoit d'une nature toute différente. En voyant Miff Filmore la premiere fois, il n'avoit pu s'empêcher de remarquer que fa figure étoit charmante ; en la connoiffant un peu mieux, il avoit apperçu tout auffi clairement qu'elle étoit douée d'un entendement exquis, & que toute fa conduite annonçoit une douceur de caractére féante & agréable qui lui attiroit l'eftime de tout le monde. Pour ce foir, fon efprit étoit dans une fituation plus refervée. Il étoit fi dégoûté des folies & des irrégularités de fa vie, qu'il fe faifoit honte à lui-même. Ses penfées fe porterent fur l'innocence de Léonore , qu'il admiroit. Il s'arréta avec plaifir fur ce fujet ; il fe rappella cette bonté d'ame qui lui avoit fait tenter de le tirer d'embarras cet après dîner. Il n'oublioit pas qu'elle s'étoit ingérée fi favorablement de confeiller à fa fœur de lui écrire ; en un mot, il fe trouva abfolument épris des perfections de l'aimable Léonore. Tantôt il fe rappelloit des circonftances qui lui faifoient efperer de ne pas lui être defagréable ; mais auffi le fouvenir de l'irrégularité de fa conduite détruifoit tout fon efpoir. Car comment , avec tant d'innocence , fupporteroit-elle tant d'écarts ? A la fin , cependant , il prit la réfolution de penfer férieufement à Léonore. Mais auffi fa petite Allemande lui revenoit à la mémoire : il feroit cruel de l'abandonner..... Ce n'eft pas qu'il l'aimât actuellement , ou même qu'il en eût jamais été amoureux : mais il en avoit reçu les preuves d'affection les plus fortes ; fon attachement pour elle étoit réellement fondé fur celui de cette fille pour lui. Depuis fon arrivée en Angleterre , il avoit été fort éloigné de fe borner à elle feule : elle le fçavoit bien....

mais ne s'en étoit jamais plainte. Il faisoit trop de dépense d'ailleurs pour être en état de l'entretenir dans l'aisance : tout son unique desir étoit de ne pas lui être à charge. Comme elle travailloit très-bien, elle s'étoit mise en état de ne pas lui être incommode, quand sa caisse étoit basse ; & s'il lui offroit de l'argent, il ne pouvoit la faire résoudre à l'accepter. Quelques autres personnes lui avoient fait des offres considérables ; elle les avoit rejettées toutes.... Et cependant ne s'en faisoit pas un mérite auprès de Stanley, qui étoit parfaitement convaincu de sa fidélité : mais il l'estimoit plutôt qu'il ne l'aimoit. Cependant, quoiqu'il n'en fût pas amoureux, il détestoit la pensée de l'abandonner. Pour le présent, il détermina à la vérité, qu'il falloit qu'il s'en séparât ; car il sentoit qu'il ne pouvoit avoir aucun espoir du côté de Léonore, tandis qu'il conserveroit une pareille liaison. Mais laissons notre Héros avec le cœur ainsi rempli d'inquiétudes, & voyons de plus près l'objet qui l'occupoit si fort. Laissons Monsieur & Madame Stanley consulter ensemble, de quelle façon ils doivent se comporter à l'égard de leur fils. Laiſſons notre Héros livré à ſes propres méditations, & les jeunes Miſſ dans une converſation telle que le lecteur peut ſe l'imaginer, aprés ce qui s'étoit paſſé dans le caroſſe ; & paſſons à l'hiſtoire de Miſſ Filmore & de ſa famille.

CHAPITRE XXVI.

CHAPITRE XXVI.

*Contenant quelque détail d'un digne No-
taire, que nous aurons ci-après occasion
de bien connoître.*

NOus avons laissé notre Héros dans
une situation d'esprit perplexe &
embarrassante, découvrant au fond de son
cœur, qu'il y avoit quelqu'un dans le monde qui lui étoit plus cher que lui-même :
& ce quelqu'un aussi, nous l'avons laissé
en conversation avec son amie, la sœur
de notre Héros, n'osant peut-être pas
encore s'avouer que tous les hommes
ne lui étoient pas indifférens. Nous
avons promis au Lecteur curieux , de
lui apprendre qui étoit cette personne ;
il aura la bonté de suspendre encore un
peu sa curiosité : car quoique notre intention, comme nous l'avons annoncé
plus haut, soit principalement de lui rendre compte de notre belle Héroïne ,
nous n'y viendrons pas pourtant encore
sur le champ. Nous jugeons à propos

de remonter jufqu'à fon Bifayeul , &
nous prions nos Lecteurs de nous fuivre patiemment dans cette recherche ,
qui , fuivant notre idée , ne doit être
ni ennuyeufe ni dénuée d'inftructions ; &
même s'ils étoient affez finguliers pour
la trouver un peu fade , ils en feront
amplement dédommagés à la fin par
la naiffance de la belle Léonore.

On peut fe reffouvenir que dans la
cotterie dont nous avons parlé en com-
mençant notre Hiftoire , il y avoit un
certain M. Scrape Notaire. Tout ce que
vous avez fçu encore de lui , c'eft qu'il
s'étoit élevé avec un peu de mauvaife
humeur , contre l'idée d'augmenter la
dépenfe de l'éducation des filles , en
ouvrant des Univerfités en faveur de ce
fexe , fuivant le plan remarquable de
M. Stun. Ce M. Scrape étoit Notaire
de pere en fils depuis quatre généra-
tions ; & quoique fes ancêtres n'euffent
pas été redevables de leur pauvreté à
la probité de leur conduite , ils étoient
toujours reftés , du pere au fils , du fils
au petit-fils , même jufqu'au préfent M.
Ifaac Scrape, dans un état précifément au-
deffus de la mifere. Celui-ci , à la vé-

rité, pour avoir été furpris un jour donnant une piéce de douze fols à un pauvre qui mouroit de faim, fut chaffé de la maifon de fon pere, qu'il n'avoit pas encore feize ans : & quoiqu'il fe foit repenti au fond du cœur de cette extravagance, fon pere ne voulut jamais la lui pardonner ; car il crut toujours que le repentir du pauvre Ifaac n'étoit pas fincere. Il avoit tort certainement, & ne lui rendoit pas juftice ; car depuis ce moment-là, jamais il n'a été connu qu'Ifaac foit retombé dans la même faute.

Par hazard, c'étoit à l'expiration d'un terme ; & comme il avoit une affez bonne main , il ne fut pas long-tems fans trouver de l'occupation chez un Procureur fameux. Il avoit toujours vécu durement chez fon pere, & travaillé fortement, fans recevoir aucun falaire : un Schelling de tems en tems étoit tout ce qu'il pouvoit efpérer. Mais ici la vie étoit bonne, le travail modéré, & il avoit toujours quelques fols dans la poche ; de forte qu'il n'eut pas lieu d'en vouloir beaucoup à fon pere, qui dans le fond lui avoit plutôt rendu un grand fervice , quoique je dois être fur la réferve, en affurant pareille chofe : car je ne doute pas qu'il n'y ait dans cette pieufe capitale, un grand nombre de bons peres tout prêts à rendre la même efpece de fervice à leurs fils.

Il y avoit déja quelque tems qu'Ifaac étoit dans cet état, lorfque fon Maître fut appellé pour ménager les intérêts d'un digne Baronnet, dans un canton éloigné ; & fon maître, foit qu'il fe connût en phyfionomie, ou par quelque fineffe particuliere qu'il reconnut dans Ifaac, jetta les yeux fur lui pour l'accompagner en qualité d'affiftant. Tout réuffit à leurs fouhaits ; c'eft-à-dire, que leur candidat fut admis par la majorité des fuffrages, ils revinrent chez eux tous les deux bien fatisfaits ; mais peu après leur retour à la Ville, Ifaac fut ainfi harangué par fon Maître. Ifaac, il y a déja bien du tems que vous demeurez avec moi .... Je crois être en état de répondre de votre probité ..... Oui, Ifaac, vous êtes un garçon de bon fens, un bon enfant. Quoique je n'aye plus befoin de vous davantage, je ne veux pas vous renvoyer, & vous mettre fur le pavé, en auffi mauvais équipage, que quand je vous ai

reçu ici ; c'est pourquoi je vous ai recommandé à M Jérémie Thrift , l'un
des plus fameux Notaires de la Cité.
Tenez , Isaac , tenez ; voilà une guinée
pour vous. M. Thrift vous attendra ce
soir ; si vous ne réussissez pas dans le
monde , jeune homme , ce sera votre
faute. Isaac, sans perdre de tems en discours superflus , se contenta de lui faire
une révérence , prit l'argent , alla faire
sa valise , & bien-tôt après se trouva dans
un petit grenier mal-propre , chez M.
Jérémie Thrift , où nous le laisserons
pour ce soir.

Personne ne peut désirer de dormir
plus profondément, qu'Isaac le fit dans
son grenier. Peut être cela surprendra-
t-il nos Lecteurs , qui s'attendent à le
voir chagrin de quitter le service d'un
homme qui l'avoit toujours bien traité,
& qui ne pouvant plus lui donner de
l'emploi chez soi , l'avoit si gracieuse-
ment recommandé à un autre , & avoit
été si généreux à son égard, en se sépa-
rant de lui. Le Lecteur compte peut-
être le trouver rempli de sentimens de
reconnoissance pour un si bon maître :
s'il est de cette humeur, Isaac & lui

font de fentimens bien différens ; il ne fe crut pas du tout obligé à la reconnoiffance envers ce même maître. A la vérité, c'étoit encore un jeune homme; cependant il n'étoit pas trop porté à penfer bien de perfonne , ni à fuppofer qu'un homme agît bien par principes d'équité , quand il pouvoit donner à fes actions quelque motif méchant pour l'avoir déterminé. Il croyoit avoir remarqué dans fon maître, un fond de jaloufie, fur quelques petites remarques que le Baronnet avoit faites à fon fujet : ainfi il regarda le préfent de fon maître comme un appas pour le faire taire. La place qu'il lui avoit procurée lui parut comme une trahifon & une façon de le dépayfer : peut-être même n'étoit-il pas trop content de lui voir rappeller qu'il l'avoit ramaffé fur le pavé ; car quoiqu'à confidérer fa naiffance , fon éducation , & même fes efpérances , Ifaac fût d'un état auffi bas dans le monde, qu'il étoit poffible à aucun homme de l'être, il n'en étoit pas moins choqué de tous les propos qu'on lâchoit fur fa baffeffe : il crut auffi voir, dans tout ce que le Procureur avoit dit, quelque chofe qui paroiffoit infinuer qu'il le craignoit : or dès qu'il fe fut mis dans la tête que fon maître l'appréhendoit, à l'inftant il commença à le méprifer, & à concevoir une haute idée de foi-même ; & il réfolut d'ef-fayer comment il étoit dans l'efprit du Baronnet. Il l'alla voir le Dimanche fuivant fans plus tarder ; & tandis qu'il l'attendoit dans la falle , il apprit des domeftiques , que leur maître , quoiqu'il eût obtenu non-feulement une féance au Parlement, mais auffi un employ, manquoit d'argent autant ou plus que jamais , parce qu'en acceptant la place, il s'étoit mis dans la néceffité d'acquitter les fuffrages de fa précédente élection, de crainte que le défaut de payement n'empêchât qu'il ne fût élu de nouveau.

Ifaac, qui ne laiffoit rien échapper, profita de la circonftance ; & quand le maître de la maifon paffa, il s'adreffa à lui , en lui difant : » Je fuis le très-» humble ferviteur de votre honneur ; » j'ai quitté mon ancien maître , Mon-» fieur; mais j'ai appris que votre honneur » alloit bientôt retourner au pays : & j'ai » cru qu'il étoit de mon devoir de venir

K iv

› vous trouver, pour sçavoir si je vous
› accompagnerai.... › Isaac, reprit le
› Baronnet, comment vous trouvez vous?
› Mais, oui : nous aurons besoin de vous
› à Ragboroug. Diable ! vous êtes un
› habile garçon ; je ne voudrois pas
› que vous me manquassiez, pour bien
› des choses Mais comment avez-vous
› donc quitté le vieux Tristram ? J'es-
› pere que vous ne vous êtes pas mal
› conduit ? › Non, Monsieur, répondit l'autre, › Tristram lui-même n'a
› pu s'empêcher de rendre un bon té-
› moignage de moi, à M. Thrift, mon
› maître actuel. › Voilà tout ce qu'il
dit de son ancien maître ; ensuite il
continua à lui dire adroitement : › Mon
› maître actuel, Monsieur, est un fort
› honnête homme : c'est un vieillard
› riche qui fait valoir son argent. Com-
› ment ! Isaac, votre maître prête de
› l'argent ? Tenez, voilà pour vous :
› venez me voir de fort bonne heure
› demain. Je suis pressé pour le pré-
› sent.... › Ensuite il s'élança dans son
carosse, & Isaac empocha sa guinée,
satisfait d'avoir si bien réussi.

Il s'en retourna chez lui, & n'eut

pas plutôt rejoint son maître , qu'il lui dit, qu'il étoit chargé par un jeune homme fort riche de lui chercher de l'argent : si vous le trouvez bon , Monsieur , comme vous êtes mon maître , je pense qu'il est de mon devoir de vous donner la préférence. Ensuite il lui nomma le personnage ; & Thrift fut si satisfait de l'affaire , qu'il promit monts & merveilles à Isaac , s'il la faisoit réussir. Or le Lecteur sçait fort bien qu'Isaac n'avoit point commission de traiter pour de l'argent , & qu'il n'en avoit pas été dit un seul mot. Mais sçachant que Sir Thomas en manquoit , & connoissant le trafic de son maître, il hazarda hardiment le paquet , & la chose s'exécuta selon ses intentions. Le lendemain il alla faire visite à Sir Thomas , de qui il fut très-bien accueilli. Le marché fut conclu le jour suivant entre lui & Thrift ; & Isaac alla dans le pays où il fut seul négociateur de l'Election : il y réussit, comme il avoit fait la premiere fois , & à son retour à la Ville , il s'établit lui-même Notaire à Londres.

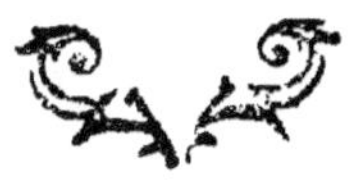

K v

CHAPITRE XXVII.

Une paire de Coquins bien assortis ensemble.

ISAAC ne fut plus alors Isaac tout court, mais Monsieur Scrape : si jamais homme se trouva heureux, ce fut M. Scrape. Son pere & le pere de son pere avoient été tous les deux Notaires ; mais ils étoient pauvres : l'un & l'autre manquoient de génie, ou ils ne rencontroient point de ces circonstances heureuses, dont le diable se sert pour flatter notre vanité, & qu'il nous fait imputer à notre propre adresse, pour mieux s'assurer de nous. Scrape eut bientôt attiré toutes les affaires de Sir Thomas entre ses mains. Il imagina d'emprunter de l'argent & de payer Thrift, au moyen de quoi il s'appropria entierement tout le pillage de son bien. Ce ne fut pas le seul os qu'il arracha des machoires de Thrift, qui, comme on le peut bien supposer, n'en enrageoit pas pour un peu. Il prit donc tous les moyens qu'il put imaginer, pour ruiner le crédit &

les affaires de Scrape : il étoit allé même jusqu'à offrir à Sir Thomas quinze cens livres sterlings , pour un peu plus de dix pour cent d'intérêt , quand il reçut la lettre suivante , qui lui fit prendre d'autres mesures.

M O N S I E U R ,

» Je suis obligé de vous apprendre » que Madame Wellbred , votre fille , » après avoir enterré son fils unique , » Vendredi dernier , vient de per- » dre son mari. La pauvre femme a » perdu depuis ce tems l'usage de ses » sens. J'ai une saisie sur les biens de » cet Ecclésiastique ; & quoique , par » commisération, j'aye soutenu la veuve » depuis trois jours , je ne puis pas le » faire toujours , étant moi - même » chargé d'une famille nombreuse. » Peut-être même n'en aurois - je pas » tant fait , si je n'avois pas appris » que vous êtes un riche particulier , » qui ne voudriez sûrement pas que per- » sonne fût dans le cas de perdre pour » avoir rendu service à votre fille. Je » me suis engagé aussi pour les frais des

» deux Enterremens ; j'ai payé de mon
» argent les honoraires du Vicaire , &
» j'ai répondu pour Madame auprés du
» Médecin & de l'Apothicaire. Faites-
» moi, je vous prie, une prompte ré-
» ponfe ; je fuis, &c.

Le pere le plus tendre n'auroit jamais
pu être auffi chagrin de la perte de fon
enfant le plus chéri, que M. Thrift le
fut en recevant cette lettre, qui lui apprenoit la fituation trifte de fa fille.
Mais n'allez pas croire, mon cher Lecteur, qu'il plaignît le malheur de cette
fille, ni qu'il prît aucune part à fa détreffe. Non, voici le cas. Il avoit donné
quelques années auparavant cette fille,
alors jeune & belle , en mariage à un
jeune & digne Eccléfiaftique qui l'aimoit
réellement, & dont elle méritoit bien
l'amour par le retour fincere qu'elle y
faifoit. Mais je ne puis vous affurer pofitivement qu'il y eût confenti ; car dans
ce cas, il n'auroit pas pu décemment fe
difpenfer de lui donner quelque argent. Voyant que l'amant , qui n'avoit
que tout jufte l'âge de poffuoder un Vicariat , avoit eu affez de crédit pour s'en
procurer un affez bon ; qu'il avoit beau-

coup d'amis puiſſans , & que ce jeune homme étoit ſi attaché à ſa fille , qu'il vouloit la prendre en tout évenement , même ſans fortune ; trouvant , dis - je , tout cela , M. Thriſt , très-prudemment , avoit en quelque ſorte conſenti qu'ils ſe mariaſſent ſans ſon conſentement ; & il ſe trouvoit l'homme du monde le plus heureux , d'avoir réuſſi à ſe débarraſſer ainſi de ſa fille , ſans ſe mettre en dépenſe. Il y a plus , il y avoit trouvé même de l'avantage ; car les Fêtes de Noël n'étoient jamais venues , que ſa maiſon n'eût été fournie de beurre , de lard , de fromage , & autres préſens de cette eſpece , par ſon gendre , qui réellement étoit un homme plein de bon cœur & de généroſité. L'honnête M. Thriſt ne devoit-il donc pas avoir le cœur percé de douleur en perdant un tel ami ? ſur-tout voyant qu'au lieu d'avoir ſa maiſon pourvûe de beurre , de lard , de fromage , & de ſauciſ-ſes , il alloit ſe trouver alors embarraſſé de la veuve de cet homme , femme qui étoit dans l'indigence , à laquelle il falloit chercher un nouvel établiſſement. Son mari , comme on peut l'inférer de la lettre du Procureur , étoit mort endetté ;

ce qui, à la vérité, n'eſt pas bien ſurprenant, parce que c'étoit un jeune homme d'un caractere généreux & facile,
qui ſçachant que ſes amis avoient aſſez
de crédit pour le pourvoir un jour convenablement, vivoit plus ſelon ſes eſpérances, que ſur ſon revenu, comme
font, à ce que je penſe, bien des gens
qui ont de fort bonnes intentions. A la
vérité, Thriſt, dans ſon premier mouvement, réſolut de ne pas payer un ſol
de ſes dettes, ni de ſoutenir la veuve.
Mais auſſi ſa réputation lui avoit toujours été de quelque avantage réel ; elle
lui avoit ſouvent procuré un ou deux
pour cent de plus par an, qu'un autre
n'auroit pu gagner ; par conſéquent, il
fut obligé en quelque ſorte, de ſoutenir
ſa fille, quoiqu'il commençoit à la
haïr très-cordialement. Il lui vint enfin
dans l'idée qu'il y avoit un moyen honnête de s'en défaire, & en même tems de
tromper un homme qu'il haïſſoit encore
plus qu'elle. Ce projet n'étoit pas autre
que de marier cette fille à Scrape, ſup-
poſé que Scrape ſût d'humeur de la prendre, dans l'eſpérance de ſa fortune ; auquel cas, il réſolut de ſe débarraſſer de

la fille , d'en charger l'homme qu'il haïssoit, & ensuite , pour expier charitablement l'odieux de ces actions , de laisser tout son bien , pour fonder un Hôpital.

Charmé de ce projet , il s'en fut avec empressement à la Bourse, où il étoit asuré de rencontrer Scrape. Scrape craignoit un peu Thrift ; par conséquent, il lui faisoit toujours beaucoup de complimens , qui ne lui coûtoient rien ; votre très-humble serviteur, Monsieur Thrift ! O ! Monsieur Scrape, je suis un homme bien malheureux ! oui, Monsieur Scrape, je le suis ; si vous sçaviez , vous verriez que je mérite compassion, plus que personne. Mon Dieu ! de quoi est-il donc question ? dites-le moi, je vous prie . . . . . Soyez sûr que vous n'avez point d'ami . . . . Mais on pourroit nous entendre , allons au Cabaret voisin. Scrape appréhendoit très-sérieusement qu'on ne les entendît ; car s'il étoit arrivé quelque malheur à Thrift , & qu'il eût été découvert par quelque autre personne , il auroit perdu cette satisfaction infinie , que ressent un esprit bas & méchant, d'être le premier à divulguer un malheur ou un accident. Il ſe trouva bien loin de ſon compte, lorſque auſſi-tôt qu'ils furent aſſis, Thrift s'écria : ah ! Monſieur Scrape ! non, non ! il ne m'eſt point arrivé d'accident dans ma fortune : non, grace à Dieu & à ma propre induſtrie ; je ſuis riche de quinze mille livres ſterlings : mais qu'eſt-ce que cela ? Je n'ai perſonne à qui laiſſer cette fortune. Je ſuis trop vieux pour avoir des enfans ; & Molly a perdu ſon petit garçon. Scrape eut de la peine à cacher ſon mécontentement ; mais à la fin il prit ſur lui, & feignit aſſez d'humanité pour paroître férieux, & dire : Mon Dieu ! Monſieur, j'en ſuis bien fâché. Mais j'ai quelques affaires, il faut malgré moi que je vous quitte : bon jour, Monſieur ; votre fille eſt jeune & ſon mari auſſi..... Son mari ! Scrape, hélas ! ſon mari eſt mort auſſi ! le pis eſt que ce drôle n'a pas laiſſé la valeur d'un ſol en mourant. Ceci étoit un peu mal-à-propos ; mais il quitta le ſujet aſſez mal-adroitement : car de même que certaines gens ſont étrangement affectés à la vue d'un chat, M. Thrift étoit naturellement déconcerté par l'idée ſeule d'un pauvre homme, &

dans ces fortes de cas , il n'étoit pas toujours maître de ſes mouvemens. Mais il ſe
remit bientôt , & prenant ſon verre : Ah !
Monſieur Scrape , je n'ai plus perſonne
à qui laiſſer mon bien ! .... Que faut-il
que je faſſe ? Bon , dit Scrape ; votre
fille trouvera aſſez d'amans , je vous en
réponds , & même des gens de famille.
Au diable ſoient les gens de famille ;
ce gueux qui eſt mort , n'étoit-il pas
de famille ? ... Si ma fille s'aviſoit jamais d'épouſer un autre homme de famille , je ne la reverrois de mes jours.
Mais elle aura trop de ſens pour cela :
elle a toujours été bonne fille , & je crois
qu'elle en a par-deſſus les yeux , des gens
de famille. Scrape avoit parlé de s'en
aller ; mais depuis il s'étoit remis à ſa
place , je ne ſçais par quel motif, ſinon
que le ſon de quinze mille livres ſterlings avoit frappé agréablement ſes oreilles ..... Mais auſſi il ne pouvoit pas
eſpérer de jamais tromper ſon maître
en fait d'iniquité. Quoi qu'il en ſoit.....
Un bon cheval de chaſſe , au cri des
chiens , ne laiſſe pas que de dreſſer les
oreilles , quoiqu'il ſoit attaché au rate-
lier , & qu'on ne lui permette pas de

fuivre les chaffeurs ; il en fut de même
de M. Scrape : on demanda un autre
demi-feptier ; & avant qu'ils fe féparaf-
fent , le vieux bon homme, échauffé par
le vin , commença à accabler d'amitié
Scrape , & l'invita à venir voir la veuve,
fitôt qu'elle feroit de retour à la Ville.
Enfuite ils fe féparerent. Le Lecteur
peut auffi, s'il lui plaît, prendre un peu
de repos.

CHAPITRE XXVIII.

Un coquin peut avoir une satisfaction plus réelle qu'aucun honnête homme.

VOus ressouvenez-vous, Lecteur, des deux hommes que nous avons laissés buvant ensemble, dans le dernier Chapitre ? Thrift s'étoit à moitié repenti de son projet, en réfléchissant que son exécution lui coûtoit déja douze fols. Quant à Scrape, il étoit confondu d'étonnement, & ne sçavoit ce qu'il devoit en penser. D'abord il imagina que Thrift avoit dessein de lui donner sa fille ; mais en examinant sa situation, & trouvant qu'il avoit actuellement plus de quinze mille livres sterlings, il ne lui soupçonna plus un pareil dessein. A la fin, il vint à se figurer que Thrift avoit envie de lui faire espérer une pareille aventure, afin que, tout en le flattant de cet espoir, il pût lui arracher Sir Thomas d'entre les mains. Il s'en tint à cette réflexion, & résolut de jouer son jeu en conséquence, c'est-à-dire, de s'attacher

à la veuve, de l'obtenir, s'il le pouvoit,
& de ne laisser tirer au vieillard aucun
des avantages qu'il espéroit. En conséquence, quelque tems après, ayant appris
que cette femme étoit arrivée à la Ville,
& assez bien remise de ses fatigues, il
alla lui rendre visite. A la vérité il en
fut reçu avec beaucoup de politesse,
mais avec autant d'arrogance par son
pere. De ces deux traitemens différens,
le premier étoit dû aux ordres positifs
du pere ; le second n'étoit imaginé que
pour cacher son dessein à Scrape qui,
en conséquence, conclut dans sa grande
sagesse, que le vieillard s'étoit repenti
de son invitation de la taverne ; mais
aussi il fut très-charmé de l'accueil que
lui fit la Dame. Faites ici une pause,
Lecteur, & resolvez vous-même une
question, qui m'a souvent embarrassé.
Comment se peut-il faire, que nous
ayons tous les jours à la bouche la per-
fidie & l'hypocrisie des femmes ; & que
cependant nous soyons toujours prêts à
nous en laisser imposer, par ces caracte-
res que nous prétendons si bien connoître ? Un Courtisan nous promet-il ? nous
sommes sûrs qu'il n'a cherché qu'à aug-

menter le nombre de ſes créatures. Un Procureur nous conſeille-t-il de ſuivre un procés ? nous ſçavons que ſon motif eſt de faire des frais. Un uſurier parle-t-il de probité ? nous ſçavons qu'il ne viſe qu'à gagner des intérêts ; certaines gens peuvent quelquefois ſe garantir de ces écueils. Mais qui a jamais été à l'épreuve des flatteries d'une jolie femme ? Soupçonnons - nous jamais dans ce cas notre mérite propre ou ſa ſincérité ? Je ne le crois pas ..... Mais avançons. Scrape ſe mit à l'ouvrage avec les plus grandes précautions : il ſonda très-exactement les circonſtances où ſe trouvoit Thrift. Bientôt il dit ce qu'il penſoit au pere & à la fille. Il crut que la fille ſe feroit déclarée plus nettement en ſa faveur , ſi elle n'eût été intimidée par ſon pere , qui paroiſſoit peu diſpoſé à ce mariage. Il étoit embarraſſé comment s'y prendre pour l'amener à ſon but. Vous voyez combien nous ſommes ſujets à prendre les choſes de travers. Avec toute ſa ruſe , M. Scrape donna à gauche ; car , en effet , le pere deſiroit ce mariage avec ardeur ; mais ſans la crainte qu'elle avoit de ſon pere , la veuve y auroit été fort contraire. Combien n'eſt-il pas plus à propos, même pour les gens ſages & prudens, que les choſes ne ſoient pas toujours à leur propre diſpoſition ? Car ſi Scrape eût été le maître, il auroit ſouhaité que la veuve n'eût pas été conduite par ſon vieillard de pere ; & ſi elle eût été libre de diſpoſer d'elle-même, Scrape eût été le dernier des hommes qu'elle eût voulu épouſer. Quoi qu'il en ſoit, les choſes reſterent ſur ce pied pendant quelque tems. Scrape ne pouvoit pas les pouſſer avec une certaine vivacité; cependant il n'y avoit encore rien de déſeſpéré. Enfin, pour amener les choſes à leur terme, un jour que Scrape vint faire une viſite, ſuivant ſa coutume, Thrift lui adreſſa la parole en ces termes : Eh! bien, Monſieur Scrape, je vois que vous avez des deſſeins ſur Molly ; quel douaire voulez-vous lui aſſurer? Mais, Monſieur, répondit Scrape, quelle fortune prétendez-vous lui donner? Ah! dit Thrift, pas un ſou d'argent actuel. Eh! bien, reprit Scrape, aſſurez-lui du moins à votre mort. A ma mort, Monſieur! Comment, Monſieur, vous deſirez déja ma mort? Non, Monſieur, dit Scrape, mais...

Tenez, Monſieur Scrape, en un mot, vous m'avez enlevé bien de mes pratiques ; rendez-les moi, & ſi Molly veut vous épouſer, prenez-la ; ne m'en parlez pas davantage, Monſieur...... Eh ! à qui diable laiſſerois-je ma fortune, qu'à ma pauvre chere fille ? Allez, Monſieur, voilà mes intentions ; déterminez-vous promptement, Je vais ſortir à l'inſtant, & je ſerai de retour dans une heure. Cette heure ſe paſſa d'une maniere très-ſérieuſe. Scrape, qui étoit fort adroit, connut que Thrift étoit réellement piqué de ce qu'il lui avoit en quelque ſorte arraché des mains ſes pratiques : il n'ignoroit pas qu'il eſt naturel à l'homme d'attacher ſon cœur & d'épuiſer toutes ſes forces ſur de petits objets, tandis qu'il en néglige de plus intéreſſans. Ainſi, quoiqu'il mépriſât Thrift d'en agir ainſi, & qu'il le trouvât, par cette raiſon, foible & déraiſonnable, il crut cependant qu'il ſacrifieroit un point plus important à cette conſidération.

En conſéquence de ce raiſonnement, il dit au vieillard, dès qu'il fut de retour, qu'il le regardoit comme ſon pere ; & qu'ainſi il ſeroit bien venu à prendre dans

ſes affaires , telle part qu'il lui plairoit ;
& au moyen de cette déclaration , il
épouſa la premiere bonne femme qui ait
jamais appartenu à ſa famille ou à celle
de ſon beau-pere. Thrift , au comble de
la joie , réſolut auſſi-tôt de laiſſer tout
ſon bien aux pauvres ; & lorſqu'au ſouper du mariage , il vit ſervir les tourtes,
qui ne devoient pas lui coûter un ſeul
denier de ſon argent, il mangea !........
en un mot , il n'y avoit que la réſolution de faire tout ſon poſſible pour ruiner ſon gendre , qui pût l'engager à manger ſi fort. A la vérité, il y a une choſe
que je deſirerois pouvoir cacher ; c'eſt
le bonheur parfait que le pere & le gendre goûterent tous les deux dans cette
ſoirée. Ces deux hommes ne s'aimoient
en aucune maniere : je crois qu'il n'eſt
guere poſſible à deux honnêtes gens d'a-
voir ſenti la joie que ces deux coquins
goûterent , dans la perſuaſion qu'ils s'é-
toient trompés l'un l'autre.

Quoi qu'il en ſoit, la joie du pere ne
fut pas de longue durée, car il gagna une
indigeſtion à ce ſouper ; la fievre ſurvint,
avec le tranſport au cerveau ; & pour ne
point dire qu'il n'eut pas le tems de ſe
repentir

pentir de ſes péchés , je dirai qu'il n'eut
pas même celui de faire ſon teſtament.
Ainſi Scrape devint ſon héritier , du chef
de ſa femme.

CHAPITRE XXIX.

*Ne donnez jamais des conſeils à une jeune
fille contre un homme en particulier ; car
c'eſt le moyen le plus ſûr pour qu'elle ſe
livre à lui.*

SCRAPE ſe voyoit maintenant en poſ-
ſeſſion d'une grande fortune ; comme il ignoroit abſolument les intentions
réelles de Thrift, en lui donnant ſa fille,
& qu'il ne ſçavoit pas que, ſi cette bonne
aubaine lui étoit venue , il en étoit redevable à ſon délire ſubit, & à la mort
qui l'avoit ſuivi de près : il attribuoit le
tout à ſon adreſſe & à ſes propres talens. Cependant réſolu de ne pas laiſſer
dormir cet argent , il ne négligea jamais
une occaſion de le multiplier : il ſe con-
duiſit même aſſez bien avec la femme
de qui il le tenoit ; c'eſt à-dire , qu'il
ne l'injurioit , ni ne la battoit : à l'égard
des douceurs qu'une femme peut eſpérer
d'un mari , elle n'en goûta pas plus

l. Partie.　　　　　　　L

qu'elle n'en avoit attendu ; & elle étoit
aſſez au fait du caractere de Scrape,
pour n'en attendre aucune. En effet, c'é-
toit par pure obéiſſance pour ſon pere
qu'elle avoit fait ce ſecond mariage. Dans
le premier, elle avoit été auſſi heureuſe
qu'aucune femme puiſſe être. Aprés avoir
perdu le mari qu'elle aimoit uniquement,
tous les autres hommes lui étoient égaux ;
& voyant que ſon pere avoit envie de la
remarier, elle n'avoit pas choiſi elle-
même, & conféquemment avoit reçu
celui qu'il lui donnoit. Rarement elle
ſortoit ; mais elle paſſoit la plus part de
ſon tems, & même avec le plus grand
plaiſir, à donner les meilleures inſtructions qu'elle pouvoit, à ſa fille unique.
Monſieur Scrape, ſon pere, n'avoit pas
moins de tendreſſe pour elle, & cette
tendreſſe, jointe à ſon avarice, l'avoit
porté à ne pas lui donner l'embarras
de rien apprendre ; mais graces aux ſoins
de la mere, & malgré cette indulgence
paternelle de Monſieur Scrape, ſa fille
étoit à ſeize ans, non une jolie fille,
mais une fille accomplie.

Scrape avoit beaucoup d'affaires avec
les Officiers de l'Armée. Il leur avan-

çoit de l'argent fur leur paye , & ne fe
faifoit pas payer beaucoup plus que les
intérêts ordinaires . cela amenoit beaucoup de ces Meffieurs dans fon Bureau.
Comme il n'étoit pas curieux de briller ,
il les invitoit rarement à entrer dans fon
appartement. Il y eut cependant un jeune
Officier , homme de courage , de fens
& de mérite , pour qui Scrape prit un
certain goût. Il feroit difficile d'expliquer comment Scrape aimoit un tel homme ; mais le fait eft exactement vrai.

Ce Gentilhomme nommé Filmore ,
étoit frere cadet du Vicomte Filmore :
il avoit perdu fon pere avant l'âge de
deux ans, & avoit été élevé par fa mere
Lady Filmore, la même dont nous avons
déja parlé, comme d'une amie de Madame
Stanley. La bonne Dame auroit bien
voulu tenir fon fils éloigné du monde ,
jufqu'à ce que l'âge l'eût mis en état de
diftinguer fes folies d'avec les plaifirs véritables ; mais le jeune homme ne vouloit pas être géné ; & à feize ans , il
obtint une commiffion dans les Gardes.
A cet âge, les occafions & l'exemple
furent trop puiffans fur lui , & il fe li-
vra à corps perdu , à toutes les folies

& les extravagances de la Ville. Comme il conſervoit une eſtime véritable pour ſa mere, il lui déroboit, autant qu'il le pouvoit, la connoiſſance de ſes écarts : en effet, elle fourniſſoit à ſes beſoins d'une main ſi libérale, que, ſans un malheureux penchant qu'il avoit pour les cartes & les dés, il n'auroit jamais été dans le cas de connoître M. Scrape. Mais malheureuſement, il jouoit fort & gros jeu, de ſorte, que quand la loi lui donna droit d'exiger ſa légitime, il n'en fut que comme le facteur, & la reçut d'une main pour la payer de l'autre. M. Scrape en toucha une bonne partie : car par bonne amitié, il lui avoit avancé, tandis qu'il étoit mineur, une ſomme d'environ quinze cents livres ſterlings, pour laquelle il en reçut, à ſa majorité, près de cinq mille. Il eſt vrai que M. Filmore eût été autoriſé, ſinon par les loix, du moins par la raiſon, à diſputer cette ſomme ; mais le Capitaine ne pouvoit pas ſouffrir la penſée de ne pas tenir ſes promeſſes, quelque ridicules & inconſidérées qu'elles euſſent pû être. Ses folies ayant continué toujours, il fut encore obligé d'entretenir la connoiſſance d'un homme qu'il méprifoit : cet uſurier lui étoit devenu néceſſaire ; & l'honneur qu'il avoit fait à ſes obligations , l'avoit rendu agréable à l'uſurier. Il alloit donc fréquemment dans la maiſon de Scrape , & ne put s'empêcher de remarquer que ſa fille étoit très-jolie : jamais il ne lui étoit arrivé de rien dire à ſa louange , que le pere qui l'aimoit follement, n'enchérît encore ſur ſes éloges. Souvent il la prioit de danſer un menuet avec le Capitaine , & étoit enchanté qu'il voulût bien l'inſtruire ; car jamais la mere n'avoit pu obtenir du pere plus d'un mois de leçons de danſe , & cette pauvre fille n'en avoit que très-peu, ou point du tout d'uſage. Il n'étoit donc pas ſurprenant qu'elle eût beſoin d'inſtructions ; & Scrape ne s'oppoſoit point à ce qu'on lui en donnât , pourvu qu'il ne lui en coutât rien. A la vérité , la mere prévoyoit en cela certains inconvéniens ; mais elle n'oſoit pas en dire ſon avis à ſon mari : & ſi quelquefois elle lui faiſoit entrevoir ſes craintes , il lui impoſoit ſilence ſur le champ, d'autant plus qu'il avoit mauvaiſe opinion de ſon intelligence. Scrape avoit ſi bien réuſſi à faire fortune, qu'il avoit pris un haute idée de ſa pénétration propre, & ne le cédoit à perſonne : il en vint même au point de dire à ſa fille, ” Nancy, ” ſi jamais tu es aſſez folle pour devenir ” amoureuſe, que ce ſoit d'un garçon ” tel que celui-là. ” Il eſt vrai qu'il n'avoit pas intention que ce fût celui-là même ; car il avoit juré tant de fois, que ſi Nancy ſe marioit ſans ſon conſentement, il ne lui donneroit pas un ſol, qu'il ne croyoit pas qu'elle pût jamais faire une telle démarche : car il faiſoit beaucoup de cas de ſon entendement, & n'avoit jamais imaginé qu'une perſonne qui a le ſens commun, pût rien faire de contraire à ſes intérêts. Or ſa fille l'entendant célébrer les louanges du Capitaine crut, ou ſe perſuada croire, que ſon pere avoit intention de le lui donner ; c'eſt pourquoi elle lâcha la bride à ſa propre inclination, qui peut-être fut encore fortifiée par ſa mere. Cette Dame ne s'apperçut pas plutôt des moindres ſimptômes d'amour dans Miſſ, qu'elle ſe crut obligée par devoir, à lui en parler plus nettement qu'elle n'oſoit faire à ſon mari. La jeune fille avoit beaucoup de reſpect pour fa mere ; cependant fa paffion loin de fe diffiper , ne fit que s'accroître par fes prudentes leçons. Je crois que c'eft une chofe qui arrive naturellement dans la paffion de l'amour. Que perfonne ne nous en parle , elle reffemble au fable du fond d'une riviere ; à peine s'eleve-t-elle affez d'elle-même , pour troubler le courant limpide de notre raifon : mais fi on remue le fond , de quelque maniere que ce foit , & qu'on le mette en mouvement, il devient trouble & bourbeux. Si la paffion de Nancy ne fut pas détruite par les confeils de fa mere , du moins la pauvre fille en perdit le repos , & paffa quelques nuits dans une grande agitation. Elle devint alors plus férieufe que de coutume , vouloit paffer des journées entieres à rêver , & aimoit être feule. Nous allons l'y laiffer, pour reconnoître la fituation du Capitaine.

CHAPITRE XXX.

Avis aux Amans.

IL y avoit quelque chose dans les façons & les regards de la jeune Nancy,
qui avoit convaincu depuis long-tems le
Capitaine, qu'il étoit son esclave. Souvent il avoit des occasions de lui parler
seul ; mais il n'en avoit jamais profité
pour se déclarer, quoiqu'il eût toutes les
raisons du monde de croire que sa passion
ne seroit pas mal reçue ; car Miss écou-
toit en silence & avec une attention particuliere tout ce que le Capitaine disoit.
Or, je vous assure, Lecteur, que cette
circonstance prouve mieux les égards
d'une femme, que presque tout ce qu'elle
pourroit dire elle-même. Ainsi nos deux
Amans laissoient écouler le tems, convaincus des affections l'un de l'autre, &
cependant sans se déclarer : car quoique
l'œil d'un amant ait annoncé le plus clairement du monde les sentimens de son
cœur, il s'éleve quelquefois des doutes
sur la réalité de la passion de cet amant :

du moins cela étoit ainſi chez cette jeune fille. Cette eſpece d'incertitude, & les autres effets ordinaires d'une paſſion cachée, firent un changement viſible dans la vivacité de ſon tempérament. Son abbatement étoit trop marqué pour échapper à Scrape même ; & il ne fut pas long-tems ſans en découvrir la cauſe. Miſſ fut envoyée à la campagne ; on l'y confina dans ſa chambre, & on défendit abſolument l'entrée de la maiſon au Capitaine. Ce n'étoit plus, ma chere Nancy, mon enfant, mais cette impudente, cette mauſſade fille : pour le Capitaine, c'étoit un infame, un traître, un ingrat, un gueux, un coquin ; bien entendu que ces propos ſe tenoient en ſon abſence.

Il ſemblera ſans doute étrange, mais c'eſt la vérité, que le Capitaine ayant preſque tous les jours occaſion de déclarer ſon amour à ſa maitreſſe, ne lui en avoit jamais ouvert la bouche : mais qu'auſſi-tôt qu'on l'eut éloignée de lui, rien ne lui ſembla difficile à tenter pour y parvenir. Il ne tarda pas à découvrir où elle étoit. Il n'étoit pas facile de la voir ; il réſolut donc de lui écrire, je ne dirai pas, une lettre d'amour ; car ſi

L v

rement ce n'en étoit pas une... Avant que
de venir à cette lettre , que le Lecteur
me permette de lui donner un petit
avis. Si jamais l'amour ou l'intérêt vous
font defirer avec ardeur , de prévenir en
votre faveur quelque Belle , ayez foin
fur tout de ne pas faire votre premiere
déclaration par lettre. C'eft lâcher la
détente avant que le fufil foit chargé.
Dans ce cas, quelque bien que vous ayez
miré , il n'eft pas befoin de vous dire
que jamais vous ne toucheriez au but.
Il eft vrai que dans la fuite de l'affaire,
quand le cœur d'une femme eft bien convaincu de votre fincérité , de votre honneur , de votre affection, de votre tendreffe ; alors..... en effet une lettre ou
deux peuvent bien opérer quelque chofe ;
mais il ne m'arriva point d'être avec le
Capitaine ; & ainfi il écrivit.... une longue
lettre , dans laquelle il demandoit bien
des excufes de la liberté qu'il prenoit
d'écrire , faifoit mille proteftations de
la fincérité de tout ce qu'il écrivoit, fe
reconnoiffant coupable de la plus haute
vanité , de s'être flatté qu'une fi charmante fille pourroit avoir de lui une
opinion favorable ; & cependant (ce qui

à mon avis étoit un peu hardi,) il avouoit qu'il avoit conçu quelque espoir à-peu-près semblable. Ce qui me paroît assez extraordinaire, il n'exaltoit point sa famille, ni les prétentions qu'il avoit dans le monde. En un mot sa lettre étoit une lettre toute simple & fort honnête, autant que je puisse m'en rappeller la mémoire ; il la finissoit ainsi. » J'avoue » que ce n'est pas sans un peu de satis- » faction que j'apprends que M. Scrape » n'est pas d'un caractère aisé à mener ; » cela me disculpera entierement du » soupçon d'être un de ces hommes in- » téressés & mercénaires, qui insensi- » bles au mérite réel de la plus char- » mante personne du monde, ne son- » gent, en faisant l'amour à la fille, qu'aux » moyens de s'assurer la fortune du pere. » En cela, & dans toutes ses autres pro- testations, je crois qu'il étoit sincere ; & Nancy panchoit assez vers la même opinion. Cependant elle se trouva si piquée & si embarrassée de voir qu'il avoit plus de connoissance de ses senti- mens, que jamais ses levres ne lui en avoient fait connoître, qu'il ne s'en fal- lut presque rien qu'elle ne sacrifiât à une petite pointillerie de femme, un homme qu'elle aimoit réellement ; elle fut sur le point de lui renvoyer sa lettre avec dédain, sans un je ne sçais quoi qui lui vint dans l'esprit, qu'elle ne devoit pas le faire, tandis qu'elle étoit en colere. Elle prit donc un volume du *Spectateur* pour lire un peu, jusqu'à ce que son ame fût devenue plus tranquille ; car quoiqu'on l'eût fait partir de Londres très-brusquement, elle avoit pris le tems d'empaqueter quelques livres, & elle n'eut pas lu pendant dix minutes, qu'il lui revint, je ne sçais comment, que ce livre même, étoit un présent que le Capitaine l'avoit forcée d'accepter, & le seul qu'elle eût jamais pris sur elle de recevoir : encore ç'avoit été en présence de son papa. Cette circonstance, toute frivole qu'elle étoit, donna à son esprit un tout autre tour. C'eût été trop, à la vérité, de dire qu'elle l'aimoit ; mais aussi son cœur avouoit qu'il avoit un peu approché de la vérité ; & elle ne le croyoit pas moins sincère, quand il disoit qu'il avoit de l'amour pour elle. Comment devoit-elle donc se conduire ? Elle hésita long-tems ; à la

fin, elle réfolut de faire......ce que
bien peu de femmes feroient ; d'agir
franchement & honnêtement avec un
homme qui lui paroiffoit mériter des
procédés francs. Cependant elle ne voulut encore rien ftatuer de la foirée.

CHAPITRE XXXI.

Recette peu connue, mais très-efficace.

PEUT-être, mon cher Lecteur, ne connoissez vous pas parfaitement l'effet d'une résolution bonne & honnête, que l'on prend en se mettant au lit? Un sommeil doux & des songes agréables manquent rarement d'en être la suite. Je ne plaisante point, comptez là-dessus, c'est une recette souveraine. Je n'ai pas encore de beaucoup passé quarante ans : je l'ai déja essayée deux fois avec succès ; & j'ai dessein, quand j'aurai atteint l'âge de soixante, & que je sentirai des insomnies, de m'en servir quatre ou cinq fois le mois.

Miss Nancy ne se fut pas plutôt mise au lit, après avoir pris la recette dont je viens de parler, qu'elle fut saisie d'un sommeil doux & innocent, & se leva le lendemain matin dans une sérénité parfaite. De sa vie elle n'avoit eu le teint si beau : elle se mit alors à sa table, & écrivit la lettre suivante.

M O N S I E U R ,

” Peut - être ne devrois - je pas faire
” de réponse à votre lettre ; cependant
” j'y réponds, & même d'une maniere,
” que je desaprouverois moi-même sans
” doute, si c'étoit une autre qui écrivît.
” Si mon pere eût fait choix de vous,
” je crois que je lui aurois obéi sans ré-
” pugnance. Mais vous sçavez, Monsieur,
” que nous n'en sommes pas là : & vous
” perdriez sûrement la bonne opinion
” que je me flatte, avec plaisir, que
” vous avez conçue de moi, si j'étois
” capable de la moindre démarche qui
” fût contraire aux volontés de mon pere.
” Voilà donc la premiere & la derniere
” lettre que je recevrai ou écrirai ja-
” mais sur cette matiere. Je suis, &c.
A N N E S C R A P E .

Sans doute elle étoit alors résolue sérieusement de ne faire aucune démarche
sans le consentement de son pere. Cependant quelques jours après le Capitaine la rencontra *par hazard*, & la détermina à quitter la maison de son pere,

& à s'attacher à lui ; car alors il n'y avoit pas de ces sots & extravagans, qui prétendent décider qu'une belle fille de seize ans n'est pas Juge aussi compétent du mérite d'un jeune homme, qu'un Pere, ou tout autre vieux radoteur de ce Royaume. Pour parler de ce mariage, suivant les principes actuels, il étoit aussi mauvais de part & d'autre, qu'il pouvoit jamais être. Miss étoit une jolie fille, & son pere étoit si riche, qu'elle auroit bien pu espérer d'épouser un homme titré. Le Capitaine Filmore étoit un jeune homme beau, bien élevé, spirituel. Quoiqu'il eût mangé tout son bien, & qu'il n'eût plus rien d'assuré que sa Commission, sa mere qui l'aimoit beaucoup, & qui jouissoit d'un gros douaire, le mettoit en état de faire figure, & de voir les meilleures compagnies. D'ailleurs, comme c'étoit un homme de naissance, aussi bien que de mérite, il n'y avoit point de doute qu'il n'avançât considérablement dans le Militaire ; mais son mariage avec la fille d'un Notaire, qui avoit l'impudence de n'être pas flatté de l'honneur qu'on lui faisoit, qui persistoit opiniâtrément, à ne vouloir entrer dans aucun accommodement , & demeuroît fermement butté à ne pas donner un fol à fa fille , tout cela refroidit furieufement l'ardeur & l'affection du Lord Filmore fon frere. Ce qui acheva d'éteindre jufqu'à la moindre éteincelle de fon amitié pour le Capitaine, fut la naiffance d'un fils & héritier, dont la femme de M. Ifaac Scrape accoucha, environ un mois après le mariage du Capitaine. Le Lord Filmore en apprit la nouvelle prefque auffi-tôt , par hazard ; & pour ne pas paroître agir d'après cette connoiffance, il s'en retourna , fur le champ, à la maifon déclarer fes fentimens à fon frere, avant qu'il eût entendu parler de cet évenement fâcheux.

Il crut n'avoir pas beaucoup de ménagemens à obferver avec un frere cadet, un Capitaine d'Infanterie, qui avoit ruiné toutes fes efpérances , par un mariage extravagant. Il monta donc tout d'un coup à l'appartement de nos jeunes mariés , (car comme les premiers bruits avoient annoncé que le Capitaine avoit fait un riche mariage , ce Lord avoit invité fon frere avec amitié d'aller loger chez lui ,) & s'adreffant familierement

au Capitaine ; » Ma foi , Henry , lui
» dit - il , il faut te parler franchement,
» je ne sçaurois me paſſer davantage de
» cet appartement. Sally arrivera ce ſoir;
» je veux mourir , ſi j'ai aucun endroit
» où la loger. Elle eſt enceinte , qui plus
» eſt ; je penſe que ta femme , toute pau-
» vre qu'elle eſt , ſeroit trop fiere. . . . »
Le Capitaine avoit été ſurpris d'abord ;
mais ce dernier trait de brutalité le mit
tout d'un coup en fureur. » Doucement,
» Monſieur , lui répondit - il , ne ſoyez
» pas aſſez hardi pour manquer d'égards
» envers cette chere femme ; s'il vous
» arrivoit de prononcer le moindre mot
» déſagréable en ſa préſence, votre titre,
» votre maiſon , ni la parenté , ne pour-
» roient vous défendre contre mon reſſen-
» timent. Oui , nous ſortirons bientôt de
» votre maiſon ; mais tant que j'y ſerai,
» cet appartement eſt à moi, & je pré-
» tends être ſeul. » Quoi , Henry , vous
» êtes en colère ? . . . . Oui , Milord , je
» ſuis plus qu'en colère. Je ſuis outré de
» voir que mon frere ait conſervé ſi peu
» du bon naturel de ſon pere . . . . Mais ,
» Milord . . . . . je ſortirai de votre mai-
» ſon dans une heure. . . . . Pour le pré-

» fent, je vous prie de me laiffer tran-
» quille.ʔNon, mais.... Tenez, Henry,
» je ne prétends pas..... Milord, en-
» core une fois, je vous prie de me laiffer
» feul. » & alors il conduifit fon frere
par la main jufqu'à la porte ; enfuite ap-
pellant fon valet, il eut bientôt emballé
tout ce qu'il avoit, fit venir un Carroffe
de place, & y ayant embarqué le tout
avec fa femme & lui-même, il fe fit
conduire à fon précédent logement.

La pauvre Madame Filmore étoit dans
une grande affliction : elle fe confideroit
comme la caufe de l'infulte que fon mari
avoit reçue dans la maifon de fon frere,
& de ce qu'il étoit abandonné de fes
amis. Comme il l'aimoit réellement, il
n'oublia rien pour la confoler. Le logement où ils étoient maintenant, étoit
trop confidérable, de beaucoup, pour
un Capitaine d'Infanterie, qui n'avoit
d'autre revenu que celui de fa Compagnie;
car auffi-tôt fon mariage, fa mere avoit
refufé de le voir. Cette Dame avoit, pour
en agir ainfi, d'autres raifons que ces motifs d'intérêt, qui affectoient fon fils aîné.
Ce n'étoit pas le défaut de fortune, mais
fon défaut de naiffance, qui choquoit la

Douairiere. Sortie elle-même d'une des meilleures familles du pays de Galles, elle ne pouvoit souffrir que son fils souillât le sang du grand Cadwallader, en le mêlant avec celui d'un vil Notaire de Londres. Cependant quand elle apprit que son fils aîné s'étoit si mal conduit, elle résolut de sécourir le Capitaine, & de ne point le laisser dans la détresse. En effet, elle regardoit ce mariage comme une més-alliance ; peut-être se plaignoit-elle de la défectuosité de nos loix, qui donnent à de pareilles unions le titre honorable de mariage. Elle envoya chercher le Capitaine, qui vint sur le champ ; car elle exigeoit l'attention la plus ponctuelle à ses ordres, & elle la méritoit en effet. Elle avoit toujours été la plus excellente mere; & si cette extrême sensibilité pour sa Noblesse étoit une foiblesse, elle étoit excusable en elle, qui véritablement étoit une Dame aussi noble qu'aucune autre qui eût jamais porté un titre. Le seul tort qu'elle avoit, étoit en ce que, possédant toutes les qualités excellentes & vraiment vertueuses, elle s'imaginoit n'en être redevable qu'à sa seule naissance. Si cette idée eût été juste, elle

n'auroit pas pu , en effet, être trop or-
gueilleuse de sa naissance. Le Capitaine
ne fut pas peu embarrassé de la façon
dont il devoit se conduire. Il s'attendoit
bien qu'on parleroit de sa femme avec mépris : & il n'avoit pas envie de le souffrir,
même de sa mere ; cependant il étoit
dangereux de lui rompre en visiere. D'ai-
leurs, le souffrir patiemment , c'étoit se
faire mépriser d'elle : car il sçavoit que
dans le fond tout ce qui pourroit sentir
le défaut de courage , déplairoit sûrement à sa mere. Ce qu'il avoit pressenti
ne manqua pas d'arriver. La Douairiere
parla de son mariage avec mépris, & à
la fin s'étant échauffée à force de raison-
ner , elle s'écria : qu'est donc devenue
cette malheureuse ? Vous voyez que votre frere. . . . . » Arrêtez ma mere , ré-
» pondit le Capitaine en l'interrompant ;
» le Lord Filmore n'est plus mon frere, ..
» je le désavoue. . . . mais vous êtes ma
» mere, ma douce & tendre mere ! Ce
» n'est ni la perte de mes amis , ni toutes
» mes espérances de fortune qui m'affec-
» tent : j'en suis pleinement dédommagé
» par l'amour d'une tendre & digne
» épouse. Comment ! Monsieur , dit-

» elle !... Arrêtez, ma chere mere, écou-
» tez-moi jusqu'à la fin; je ne regrette
» rien que la perte de l'affection de ma
» mere. Pour cet article - là , j'avoue
» que même la femme que j'aime , ne
» peut pas y suppléer. Mais il y a une
» chose sur laquelle il faut que j'insiste :
» cette mere ne doit pas elle même, en
» ma présence , traiter ma femme d'une
» maniere insultante. Votre femme ,
» Monsieur ! répliqua la Douairiere,
» cette petite ! .... Choqué de ce discours , qui étoit accompagné d'un certain regard dédaigneux , son fils répliqua :
» Oui , Madame, elle est ma femme,
» ma chére & bien-aimée femme ; & en
» dépit de votre orgueil , votre fille,
» qui grace à Dieu , ne fait qu'honneur à
» votre famille. » C'en étoit trop pour
cette mere sensible. Tout le sang de la
Noblesse de Galles , lui monta à l'instant au visage : elle se leva de son fauteuil , & auroit volontiers battu son fils :
elle ne pouvoit plus parler , tant elle étoit
en fureur. Le Capitaine sentit qu'il avoit
parlé trop vivement. Il se jetta à ses
pieds , & lui prenant la main : » Par-
» donnez-moi, ma chere mere, lui dit-il,

» excufez la folie d'un amant. Ah ! fi vous
» la connoiffiez ! fi vous fçaviez avec
» combien de refpect elle regarde les
» vertus fupérieures d'une mere à qui je
» dois tant ! rappellez-vous , Madame ,
» quelle tendreffe vous aviez pour mon
» pere. Quand vous l'avez connu d'abord,
» c'étoit un fimple Gentilhomme : &
» quoiqu'il fût Noble , fa famille n'étoit
» pas moins inférieure à la vôtre. » La
Dame commença à fe remettre un peu ;
» Oh ! Henri , lui dit - elle , pourquoi
» cherchez - vous à vous humilier par ce
» propos ? Madame, reprit-il , c'eft une
» chofe faite , il n'y a plus de reme-
» de. N'allez pas maintenant par votre
» reffentiment faire le malheur d'un fils
» que vous avez aimé. C'eft la feule
» chofe qui peut me rendre malheureux.
» Quant à la fortune , je fçais vivre de
» peu , jufqu'à ce que mes fervices m'aient
» mis en fituation de pouvoir faire mieux.
» Eh bien ! mon enfant , votre frere &
» moi..... Non , Madame , ne parlez
» pas de mon frere. Je mourrois de
» faim plutôt que de recevoir même une
» fortune de fa main. Pour vous qui avez
» toujours été une mere remplie de bonté,

» je ne refuferai pas de vous la plus petite
» bagatelle. Mon orgueil n'en fera point
» choqué. Mais à quoi bon parler de cela?
» Ne me donnez rien du tout ; je n'en
» ai déja reçu que trop. Que je n'aie
» plus rien à attendre ; puiffé - je vivre
» feulement, pour faire voir à la meil-
» leure des meres que mon refpect &
» mon amour n'ont rien d'intéreffé & de
» mercenaire ! puiffé-je feulement efpé-
» rer que vous voudrez bien un jour
» voir ma ..... la chere femme que
» j'aime. Eh bien! Henry, qu'elle vienne
» ce foir chez Milady Charlotte, peut-
» être m'y trouverai - je. Mais qu'elle
» n'ait pas la préfomption de me traiter
» comme fa mere. Oh! Madame! par-
» donnez - moi, fi je fuis fi pofitif dans
» cette occafion. Je ne puis fouffrir qu'u-
» ne femme qui eft mon Epoufe foit
» traitée avec mépris , par qui que ce
» foit , fût-ce par vous - même. Si vous
» me défendiez de vous voir , à coup fûr
» je m'eftimerois le plus malheureux
» des hommes: cependant je vous obéi-
» rois...... Monfieur, lui répliqua fa
» mere, je ne vous défends pas de me
» venir voir. Pardonnez-moi, Madame,
» vous le faites , & même de la façon

la

» la plus févere : penfez-vous, ma mere,
» que votre fils ait affez peu de cœur,
» pour aller quelque part où fa femme
» ne feroit pas reçue fur le même pied
» que lui ? Mon impertinent frere peut
» bien avoir de ces procédés ; mais je
» le méprife ..... N'allez pas, ma très-
» chere mere, être trop rigoureufe dans
» ce feul point. Oui , je viendrai , je
» vous la préfenterai cet après - dîner :
» je fçais que ma mere a réellement trop
» de bonté pour traiter mal quelqu'un,
» furtout dans fa propre maifon ; & elle
» a toujours été trop douce & trop géné-
» reufe à mon égard , pour m'outrager
» par un endroit fi fenfible , pour faire
» une infulte à ma femme...... En
finiffant ces mots , il falua fa mere, &
la laiffa plongée dans fes réflexions. Le
courage du Capitaine la charmoit, en
même tems qu'il la mettoit en colere.
Elle eut quelque envie de ne point fe
trouver chez elle l'apres-dîner ; mais
elle avoit une tendreffe extrême pour
fon fils , & appréhenda de le pouffer
trop loin, & de perdre fans reffource
l'affection qu'il avoit toujours fait remarquer pour elle : car elle trouvoit dans

cet amour filial, une certaine confolation
qui la dédommageoit pleinement de tous
les foins & les inquiétudes qu'elle avoit
pris pour lui. A la fin, elle réfolut de
fe conduire d'un air froid , & d'examiner cette jeune femme très-fcrupuleu-
fement.

CHAPITRE XXXII.

Naiſſance de l'aimable Léonore.

LE Capitaine s'en retourna chez lui, afin de préparer ſa femme à la viſite de l'après-dîner. La pauvre Madame Filmore ſe trouva bien embarraſſée, & ne ſçavoit comment ſe comporter dans une pareille circonſtance. Enfin le moment arriva & elle partit. La Douairiere s'étoit affublée de la pompe inſolente de la Nobleſſe, toute gonflée qu'elle étoit de l'orgueil de ſa naiſſance. A la vérité, elle reçut ſa belle fille aſſez poliment ; mais les termes de *Monſieur* & de *Madame*, dont Milady affecta de ſe ſervir avec une indifférence extrême, toucherent la pauvre Madame Filmore ſi vivement, qu'elle penſa tomber du haut de ſon fauteuil. Le Capitaine ſe mordoit les pouces de fureur & étoit prêt à éclater. Sa femme s'en apperçut, & ne pouvant y tenir plus longtems, elle ſe jetta aux genoux de la Douairiere : Madame, s'écria-t-elle, je ſuis déja aſſez malheu-

reufe d'avoir caufé le malheur du meilleur des hommes ; n'ajoutez pas encore
à mon chagrin , en le privant à caufe de
moi, de l'amour d'une fi excellente mere.
Peut-être , oui , j'en conviens , je ne mérite pas l'honneur d'être confidérée comme votre fille..... Le Capitaine qui s'é-
toit levé en même tems que fa femme ,
étoit refté jufqu'alors dans le filence à
côté d'elle ; mais touché de ces derniers
mots, il éclata..... Par Dieu ! dit-il ,
vous ne le méritez que trop..... & la
relevant toute en larmes , il fe tourna
vers la Douairiere : » Madame , lui dit-
» il, j'en appelle à vous - même ; n'eft-
» elle pas cent fois plus que je ne mé-
» rite » ? La bonne Dame avoit été fen-
fiblement touchée elle-même ; la feule
raifon qui l'avoit empêchée de parler
plutôt, c'eft qu'elle avoit le cœur trop
plein : maintenant s'étant approchée d'elle,
la femme de mon fils , lui dit-elle , ne
fçauroit manquer d'être ma fille. Il fe
tint de part & d'autre quelques difcours
interrompus, des fourires & des larmes
de réconciliation ; & au bout de quelques
minutes , elles fe firent toutes les deux
affez bonne compagnie : Le Capitaine

étoit comblé de joie, & rempli de bonne humeur : la mere fourioit auffi, & étoit tres-contente, & la jeune Dame étoit au comble de la fatisfaction, quoiqu'affez filencieufe ; ce qui ne déplut pas à fa belle-mere. Ils refterent enfemble fort tard, & fe féparerent fort contens les uns des autres. Le lendemain, Milady les envoya chercher, & leur dit qu'elle avoit un appartement pour eux dans fa maifon ; & fe tournant vers fa fille : Ce Monfieur, dit-elle, auroit toujours pu demeurer chez moi ; il ne l'a pas voulu, parce que c'étoit la maifon de fa mere. J'efpere que ma fille, actuellement, me procurera plus fouvent le plaifir de fa compagnie. Une révérence & un regard plein de douceur, furent toute la réponfe de Madame Filmore. Dès le même jour, ils allerent loger chez Milady, qui, fi elle avoit été d'abord trop butée à ne pas faire à la femme de fon fils l'hon-neur de la nommer fa fille, l'en dédom-magea alors bien amplement ; car elle ne lui donna plus guéres d'autre nom, ou quelque titre auffi tendre. Elle fem-bloit même avoir oublié de quelle fa-mille elle étoit fortie ; ce ne fut qu'en cela feul que Milady eut l'honneur d'être imitée par le digne M. Scrape. Jamais il ne s'informa une feule fois de fa fille ; & comme on ne lui demandoit point d'argent, il ne fe donnoit pas la moindre inquiétude pour elle.

Le bonheur de cette aimable famille ne fut pas de longue durée : car en moins de deux ans de tems , il fut cruellement interrompu par des ravages horribles de la mort. Le Capitaine fut attaqué de l'ef-pece la plus maligne de la petite vé-role , dont il mourut. Sa femme pour s'être renfermée avec lui, & avoir voulu le foigner affidument pendant tout ce tems , contraĉta elle-même une maladie qui , jointe chagrin que lui caufa cette mort, l'emporta auffi fort brufquement. Milady Filmore refta plongée dans le chagrin le plus amer & le plus vrai. Ils ne laifferent qu'une fille que le Capitaine, à fon dernier foupir , recommanda, ainfi que fa femme, aux foins de Milady , & cette jeune femme mourant peu de tems après , implora auffi fa proteĉtion pour fa chere enfant.

Quelque tendreffe que cette Dame eût pour fon fils, la mefure de fes chagrins ne fut entierement comblée que quand elle perdit sa belle-fille. Alors en effet, elle fut plus que pleine ; & elle n'auroit jamais pu survivre à cette perte, si le sentiment de son devoir envers cette petite orpheline, ne lui eût donné une force plus qu'humaine. Elle implora le secours de celui qui ne le refuse jamais à quiconque le lui demande sincérement. La petite Léonore , l'objet actuel des affections de notre Héros, occupa tous ses soins , & de jour en jour elle se montroit plus digne de son attention. Monsieur Scrape aussi, voyant que Lady Filmore ne songeoit pas à demander son secours , & apprenant qu'elle vouloit se charger de toutes les dépenses de l'éducation de sa petite-fille ; de plus , considérant que son peu d'attention à celle qui étoit pour le présent son héritiere naturelle , (car le fils dont nous avons parlé n'avoit pas vécu plus de trois semaines ,) commençoit à faire un certain bruit : il se détermina à demander à Lady Filmore la permission de voir l'enfant ; ce qu'il ne fit que pour conserver une legére apparence de décence ; car pour ces sortes de gens , la décence est une denrée qui a quelque valeur. A la vérité, c'étoit un point qui, au fond ne touchoit pas à son caractère; cependant il aima mieux ne point faire parler le monde. Un homme dont la maison seroit bâtie de bonnes pierres, ne voudroit pourtant pas souffrir que des enfans jettassent de petits cailloux contre les murs de cette maison ; car quoiqu'ils ne pussent faire de tort aux murailles, il pourroit arriver qu'une petite pierre cassât les vitres. Ainsi M. Scrape sçavoit que si une fois les langues étoient en train de jaser, elles pourroient à la fin tomber sur quelques parties de son caractère qui étoient aussi fragiles que du verre, & c'étoit justement ce qu'il ne vouloit pas qu'on épluchât de trop près. C'est pourquoi il crut sagement devoir leur imposer silence, puisqu'il ne lui en coûtoit rien pour le faire. Ce n'est pas que cette circonstance si favorable à son économie, l'empêchât d'être fâché intérieurement & de lâcher de tems en tems quelques traits de critique, quand il apprenoit tout ce qu'il en coûtoit à Lady Filmore, qui n'épargnoit aucune dépense pour l'éducation de sa petite-fille.

Je me flatte qu'on m'excusera de m'être

si fort étendu , & d'avoir employé tant de tems à raconter l'histoire de M. Scrape & de sa famille , quand on songera qu'il est le grand pere de Léonore , notre belle & charmante Héroïne. Si quelque Critique de mauvaise humeur , demande pourquoi j'ai fait d'un tel homme le grand-pere de la Dame que j'ai jugé digne de captiver l'affection de mon Héros , je pourrois l'arrêter tout court, en lui faisant la réponse que tous les Auteurs d'histoires véritables ont toujours toute prête : c'est un fait. Je le peins précisément tel qu'il étoit ; & je suis si fortement attaché à la vérité , que je ne voudrois pas m'en écarter d'un iota, quand ce devroit être une chose qui portât préjudice à mon Héroïne. Si le Critique , non content de cette réponse , persiste à blâmer ma conduite , qu'il se rappelle que la Dame, du côté de son pere , est de la plus noble famille du pays de Galles , c'est-à-dire , de tout le Monde. Mais aussi il doit songer que le sang de tous les Cadwalladers ne pourroit pas acheter une seule livre de viande dans le marché de Saint James ; & que l'arbre généalogique de tous les O Irlandois , ne pour=

roit pas fournir aſſez de bois pour faire rotir une Alouette. Non, un Ébéniſte ne changeroit pas un ſeul pied de bois de violette pour la table généalogique la plus diſtinguée, que pourroit produire le plus ancien deſcendant des Saxons, des Danois ou des Normands dans la grande Bretagne. Ne doit-on donc pas convenir qu'un peu d'argent n'eſt pas inutile? D'ailleurs une fortune aſſurée n'eſt-elle pas un ſupplément bien capable de relever l'éclat de la plus belle figure qu'il y ait en Europe? Or pour ne point aller contre le cours naturel des choſes, ni contredire une vérité avouée, comment une grande fortune peut-elle jamais arriver à aucune famille, ſi par hazard quelque grand coquin n'a malheureuſement appartenu à cette famille, pour faire la fortune de gens beaucoup meilleurs que lui, qui doivent venir enſuite?

CHAPITRE XXXIII.

Notre jeune Héroïne parvient à arracher un secret de son propre cœur.

IL faut maintenant ramener nos Lecteurs à notre Héros amoureux, M. George Stanley, & à sa belle Maitresse, la charmante Léonore. Auparavant, jettons un coup d'œil sur les Dames que nous avons laissées ensemble, après que Stanley les eût quittées. Leur conversation ne prit pas une tournure bien animée pendant le repas. Lady Filmore demanda à Miss Stanley, pourquoi son frere n'étoit pas resté à souper? Madame, répondit la jeune Miss, je pense qu'il étoit engagé; sans quoi, je suis sûre qu'il auroit profité avec bien du plaisir, de l'honneur de vous faire compagnie. Ah ! Fanny, répondit la Dame, je crains bien qu'en effet votre frere ne fût engagé; mais il auroit mieux fait de rester. Il feroit plus avantageux & plus honnête pour lui qu'il ne fût pas si souvent engagé.

M vj

Miss Stanley alloit répliquer, quand la Dame continua ainsi : » Au reste, je souhaite d'avoir tort. J'ai pris la liberté » de lui parler franchement à ce sujet : » il m'a fait des promesses, & je desire » de tout mon cœur qu'il les tienne. Puis tournant les yeux sur sa petite-fille, qui lui parut un peu triste, elle lui demanda si elle se trouvoit mal. La jeune fille répondit qu'elle avoit un grand mal à . . . . . Elle auroit pu dire, à son cœur; elle aima mieux dire. . . .. à la tête. La bonne Dame lui conseilla d'aller se coucher ; & son conseil fut suivi sur le champ. Miss Stanley, qui, quand elles étoient ensemble, étoit toujours, par une inclination réciproque, sa compagne de lit, voulut la suivre aussi-tôt, afin de ne point l'incommoder, en allant se coucher après elle. Elles ne dirent que peu de chose ou rien du tout en se déshabillant , & tant que la domestique fut dans leur chambre. Quand elles furent seules , elles eurent ensemble la conversation suivante , que je rapporterai en forme de Dialogue. D'abord Miss Stanley commença : Leonore, ma chere, qu'est-ce que vous avez ? Comment va votre tête ?

Léonore. Je n'ai rien : ma tête va bien.

Miss Stanley. Qu'avez-vous donc ?

Léonore. Rien.

Miss Stanley. Mais , ma chere , sûrement vous avez quelque chose.

Léonore. Je ne sçache pas.

Miss Stanley. Je me flatte , ma chere , que ni mon frere ni moi n'avons rien dit qui puisse vous offenser. Je suis sûre ....

Léonore. Rien du tout.

Miss Stanley. Peut - être avez vous envie de vous endormir ?

Léonore. Non ; je n'ai point envie de dormir.

Miss Stanley. Eh ! bien donc , Léonotre , agissez franchement avec moi , comme je ferois avec vous ; dites-moi , Léonore .....

Léonore. Fanny, que voulez-vous donc que je vous dise ? En vérité je ne sçais pas.

Miss Stanley. Mais , ma chere , de ma vie je ne vous ai jamais vu si triste qu'aujourd'hui : vous soupirez , vous pleurez , vous n'avez point envie de dormir ; cependant vous ne me rendez aucune raison de tout cela : vous devriez avoir de la confiance en moi.

Léonore. Tenez , Fanny , ne soyez

point fâchée. Je ne fçais pas trop ce que j'ai : en vérité je ne le fçais pas. Au refte, qu'étoit-il befoin ?.... (Un foupir vint alors lui couper la parole.)

Miff Stanley. Eh bien ! qu'étoit-il befoin?.... Quoi, ma chere ?

Léonore. Oui, cela eft bien fingulier à vous, de dire à votre frere que je vous ai confeillée d'écrire..... L'autre fit bien des proteftations qu'elle n'y avoit entendu aucun mal. Pour cela, répondit Léonore, j'en fuis bien fûre : mais auffi, ajouta-t-elle, qu'eft-ce que votre frere penfera de moi? En vérité, Fanny, je ferois bien fâchée que qui que ce foit au monde ne penfât pas bien de moi, furtout le frere de mon amie.....

En un mot, en fort peu de tems Léonore s'entendit elle-même ; & trouva que George occupoit une place dans fon cœur. Elle en fit franchement l'aveu à Miff Stanley, en la priant en même tems d'en garder exactement le fecret : ce qu'elle promit de faire ; & en effet, elle étoit bien réfolue de lui tenir parole : car quoique elle eût bien de l'amitié pour fon frere, elle n'avoit pas moins d'égards pour fon amie; & comme elle voyoit d'a-

près ses propres réflexions sur les circonstances où ils se trouvoient l'un & l'autre,
qu'une pareille union seroit difficile, pour
ne pas dire impossible, à accomplir, elle
jugea qu'il valoit mieux ne pas l'entreprendre. En conséquence, elle dit nettement ce qu'elle en pensoit à Léonore,
qui se crut persuadée par ses remontrances, & résolut de ne plus penser au pauvre
George, & de ne le regarder que comme
le frere de son amie. Convaincue que sa
résolution étoit bien prise, elles se mirent au lit toutes les deux.

Pour Stanley, après avoir long-tems
examiné en lui même, comment il devoit se conduire, entre la passion réelle
qu'il sentoit pour Léonore, & la reconnoissance qu'il devoit à sa petite Allemande, il résolut de ne point abandonner
tout-à-fait la derniere ; c'est-à-dire, de
la voir de tems à autre, & de l'entretenir toujours, sans avoir avec elle de
liaison plus particuliere, que comme
avec une amie qu'il considéroit, pendant
que d'un autre côté il poursuivroit l'autre
de tout son pouvoir ; & en cas qu'il fût
assez heureux pour obtenir quelque part
dans son affection, il laisseroit à la re-

nommée le foin d'inftruire fon Allemande de ce qu'il failoit. Il fentoit bien
que d'abord elle en feroit vivement touchée ; mais il efpéroit qu'en fe rappel-
lant la nature de leur liaifon , & de celle
qu'il formoit actuellement , elle prendroit alors fon parti. Bien fatisfait de
cette invention notable , il fe rendit chez
Lady Filmore à l'heure du déjeûner ,
comptant que la circonftance que fa fœur
y étoit, feroit une excufe fuffifante pour
en agir fi librement. Le déjeûner ne fut
pas plutôt fini , qu'il dit à fa fœur qu'il
avoit quelque chofe à lui communiquer....
quand ils furent feuls , il la remercia
d'abord avec beaucoup de zèle de tant
de preuves d'amitié qu'il en avoit reçues,
& finit par la prier de couronner toutes
fes bontés , en tâchant d'infpirer à fon
amie, une bonne opinion de fa perfonne.
Il la conjura beaucoup , mais en vain.
Mifs Stanley étoit fâchée de lui voir le
cœur fi opiniâtrement fixé à ce projet.
Elle lui repréfenta , qu'affurément Milady Filmore n'y voudroit jamais con-
fentir , ni le vieux Scrape non plus ; &
que quand même Mifs Filmore pourroit
gagner quelque chofe fur l'efprit de fon

grand-pere , il étoit sûr qu'elle ne feroit jamais la moindre démarche fans le
confentement de fa grand'maman. Elle
ajoutoit à cela, que ni fon pere, ni fa mere,
ne confentiroient jamais à ce qu'il fît rien
contre la volonté de Lady Filmore ;
elle finit par lui dire : ɔɔ Mon pauvre
ɔɔ George, vous imaginez-vous , parce
ɔɔ que mon papa & maman ignorent la
ɔɔ vie que vous menez , que perfonne
ɔɔ abfolument ne la connoiffe ? Ah !
ɔɔ George, pardonnez-moi ; mais réel-
ɔɔ lement, Madame n'en fçait rien.....
ɔɔ Ah ! ma fœur , interrompit George,
ɔɔ n'allez pas détruire toutes mes efpé-
ɔɔ rances ! Il eft vrai , je l'avoue , j'ai
ɔɔ été un libertin, un miférable ; mais
ɔɔ les vertus de Léonore me rappelle-
ɔɔ ront. Aidez-moi, ma fœur , ma bonne
ɔɔ amie , prêtez-moi votre fecours ɔɔ .
Elle perfifta toujours dans fa réfolution ;
alors George, irrité de la trouver fi inflexi-
ble, fe leva brufquement, prit fon chapeau
& s'écria: ɔɔ Eh' bien, Miff, allez, publiez
ɔɔ donc les malheureufes folies de votre
ɔɔ frere. J'irai moi-même trouver cette
ɔɔ chere Demoifelle ; je lui ferai l'aveu
ɔɔ de mes fautes ; j'en marquerai mon

» repentir..... Adieu ». Sa sœur lui dit,
en l'arrêtant : » Mon Dieu ! qu'allez-vous
» faire ? Voulez-vous vous perdre ? Ne
» connoissez-vous pas l'orgueil insuppor-
» table de Lady Filmore, & croyez-
» vous que Léonore ait assez peu d'es-
» prit, & de délicatesse, pour ne pas se
» ressentir d'une insolence telle que celle
» dont vous parlez ? N'iroit-elle pas sur
» le champ dire à sa grand'maman.....
» En vérité mon frere, je vous servirois
» volontiers, si je le pouvois : mais ce
» n'est peut-être qu'une légere passion,
» qu'un goût passager..... Comment
» puis-je parler à mon amie, qui sçait
» quelle vie vous menez ? ... Ma chere
» sœur, répondit-il, à partir de ce mo-
» ment, je vais mener une conduite qui
» vous étonnera.... Fort bien, George....
» Prenez trois mois d'épreuve..... Si
» vous persistez dans le même dessein,
» alors..... Ah ! ma sœur ! .... trois
» mois! .... Croyez moi.... fiez-vous-
» en à moi..... Non, George ; trois
» mois entiers, ce n'est pas trop.....
» Si cela ne vous convient pas, faites
» comme vous voudrez....» Elle avoit
pris sa résolution ; George fut forcé de

s'y foumettre , il fallut même promettre
de ne pas dire un feul mot de fa paffion
à Léonore même.

Quand Miff Stanley eut quitté fon frere
& rejoint Miff Filmore , celle - ci vit
clairement , à l'air de fon amie , qu'il
étoit arrivé entr'eux quelque chofe d'extraordinaire ; c'eft pourquoi , elle lui fit
mille queftions fur ce que M. Stanley
avoit eu à lui dire. A la fin elle ne put
s'empêcher de lui demander : » Dites-
» moi, Fanny : mais furtout, dites - moi
» vrai : a-t-il été queftion de moi ? Mon
» Dieu! Miff, non affurément, répondit
» l'autre..... » Léonore penfa éclater à
ce terme froid & réfervé de Miff ; elle
ne put fe tenir de le répéter en ajoutant :
» J'attendois autre chofe de vous , en
» vérité : penfez - vous que je vouluffe
» vous traiter ainfi ? Il me femble qu'une
» fœur ne devroit pas me méprifer, pour
» avoir eu , peut-être , trop bonne opi-
» nion de fon frere. Pardonnez , repli-
» qua Miff Stanley, pardonnez-moi, ma
» chere ; feroit - il poffible que je vous
» méprifaffe ? Non , chere amie, je vous
» aime & vous eftime trop pour cela :
» mais fincerement, vous me faites pitié.

» Pitié! Quoi donc? qu'avez-vous dit? ne
» m'aviez-vous pas promis de ne point di-
» vulguer ma folie? car je vois bien main-
» tenant que c'en est une..... Ne vous
» fâchez pas , ma chere Léonore , je
» vous aime..... j'ai pitié de vous , j'ai
» pitié de mon pauvre frere..... qui....
» Ah ! ma chere , vous ne devez pas être
» fâchée contre moi. Car je suis réelle-
» ment fort embarrassée de ma personne,
» & je ne sçais comment me conduire
» entre vous deux. Je ne suis pas fâchée ,
» répliqua Miss Filmore : mais dites-
» moi vîte, je vous en conjure par notre
» longue amitié..... Répétez-moi tout
» ce qu'il a dit , jusqu'au moindre mot».
Miss Stanley fit ce qu'elle put pour s'en
défendre ; à la fin , elle raconta le
tout, & finit par lui dire , que George
avoit promis en la quittant , de ne point
parler lui-même de sa passion. Son amie
l'en remercia beaucoup , quoique peut-
être elle auroit bien pardonné à Stanley
de fausser sa promesse ; mais il la garda
religieusement, quoique, pendant trois
mois de suite, il fût très - fréquemment
des parties de plaisir de sa maitresse.
Cette ponctualité vint-elle de délicatesse

de sa part, ou de ce que sa sœur veilloit attentivement à ne pas lui en laisser la commodité ? D'ailleurs, l'amie de Miss Stanley & son frere lui sçurent-ils bon gré de ses soins ? Tout cela paroît assez douteux. Mais certainement cette affaire lui causoit beaucoup d'inquiétude, parce qu'elle prévoyoit qu'il en résulteroit de grands inconvéniens.

Vers le même tems, Lady Filmore ne se trouvant pas bien, consulta les Médecins, qui lui ordonnerent les eaux de Bath ; & elle se détermina à mener sa petite-fille : la veille du départ au soir, Stanley fut mandé pour ramener sa sœur à la maison ; après avoir pris congé de Lady Filmore, les jeunes gens resterent seuls. Miss Stanley & son amie s'embrasserent, & se jurerent une amitié éternelle. Soit que Léonore fût attendrie dans ce moment où elle alloit se séparer de son amie, ou que George fût transporté hors de lui-même, en songeant qu'il alloit perdre sa maitresse, du moins pour un tems..... Sa sœur n'eut pas plutôt quitté les bras de son amie, qu'il prit Léonore dans les siens, & embrassa avec transport celle dont il n'avoit jamais eu jusques - là la hardieſſe de toucher la main. Il eut à peine le tems d'adreſſer au ciel quelques vœux ardens pour ſa ſanté, lorſque Léonore ſe rappella ..... que ce n'étoit pas Miſſ Stanley qui la preſſoit ſi fortement dans ſes bras ; & à l'inſtant, ſe dégageant de lui , elle le remercia de ſes bons ſouhaits , d'une maniere extrêmement maladroite , mais cependant fort expreſſive. Ils ſe ſéparerent enſuite. Ils ne dirent pas un ſeul mot d'amour ni l'un ni l'autre; mais ils en montrerent beaucoup dans ce moment. Miſſ Stanley en étoit plus inquiette qu'eux ; car ils croyoient tous les deux avoir bien joué leur rôle, n'avoir rien découvert de la ſituation de leurs cœurs , & s'en être tenus dans les termes autoriſés par la politeſſe ordinaire ; mais Miſſ Stanley étoit d'un avis tout différent. Cependant elle ne jugea pas à propos d'en rien dire à ſon frere, en retournant ; quoiqu'il étoit continuellement à ſe féliciter de la conduite qu'il avoit tenue, elle laiſſa paſſer tout cela.

Tandis que Lady Filmore & ſa charmante petite-fille vont à Bath , laiſſons-les pour quelques tems , & voyons ce

que fit M. Stanley le pere , quand on
lui eut donné l'allarme au sujet des extravagances que son fils faisoit en habille-
mens , & de la vie irréguliere qu'il
menoit.

CHAPITRE XXXIV.

L'honnêteté est la meilleure politique.

Monsieur Stanley connoissoit trop le monde, & la tournure de caractere de son fils, pour prendre de l'inquiétude, uniquement parce qu'il portoit un habit galonné, ou pour quelque autre babiole semblable. Il avoit entendu au hazard murmurer quelques petits mots sur sa façon de vivre, qu'il avoit méprisés jusqu'alors : mais rassemblant toutes les circonstances ensemble, il commençoit à craindre que son fils ne fît un mauvais emploi de son tems, & il projetta d'éplucher à fond cette affaire. George voyant son pere buté à cette recherche, résolut tout d'un coup d'essayer ce que pourroit produire un honnête impudence. Il alla trouver sa mere, lui avoua tout, même jusqu'à l'argent qu'il avoit gagné; lui dit que le Lord Belfont ayant maintenant quitté l'Angleterre, il n'auroit plus les mêmes objets de tentation, &

lui

lui fit en même tems des proteftations d'une réforme fincere. En un mot, il avoua tout, excepté fon intrigue avec la petite Allemande. Cet aveu parut à fa tendre mere une preuve fuffifante de fon repentir ; fon pere voulut bien auffi le regarder de même ; de forte que pour le moment, la tempête fut entiere-. ment conjurée.

Comme les parens ignoroient totalement la fituation de fon cœur par rapport à Miff Filmore, en le voyant paffer tant de tems en compagnie de fa fœur, qui étoit alors chez Milady Filmore, ils prenoient cette conduite pour une preuve qu'il avoit quitté toutes les autres habitudes.

Quand Lady Filmore & Léonore eurent paffé trois mois à Bath, George commença à preffer fa fœur de lui tenir parole, actuellement qu'il avoit fini fa quarantaine. Il auroit voulu qu'elle écrivît ; mais elle le refufa abfolument, quoiqu'en effet, il paroiffoit par certains paffages des lettres de Léonore, qu'elle ne pouvoit pas écrire une feule fois, fans faire mention de lui. Quelques Lecteurs feront peut-être furpris, qu'avec autant d'intelligence qu'en avoit Stanley, il ne se fût pas apperçu, ne fût-ce que par les circonstances de l'adieu de la veille du départ, quelle impression profonde il avoit faite sur le cœur de sa maitresse. Mais il est sûr que quand une fois un homme est bien sérieusement amoureux, son expérience, son entendement, ses connoissances ne servent qu'à le tromper, & à contredire le sens commun. Sa maitresse le traite-t-elle avec une politesse toute ordinaire : il y voit la preuve la plus forte & la plus éclatante de son affection. Lui donne-t-elle, même dès le commencement de leur connoissance, les plus grandes marques d'amour, qu'un ami ancien & bien confirmé pourroit espérer, ce n'est rien qu'innocence & bon naturel. C'est ainsi que George expliquoit la bonté qu'avoit eu Léonore de souffrir qu'il la tînt dans ses bras, la veille de son départ pour Bath : & quoiqu'en effet elle le regardât comme l'homme le plus accompli, George n'en sçavoit rien du tout, & même il n'avoit pas besoin de le sçavoir, puisque comme amant, il pouvoit si aisément expliquer tout ce qu'elle disoit & ce qu'elle faisoit.

Cependant aprés que cette jeune fille fut partie pour Bath, Stanley parvint à faire avouer à sa sœur, que Miss Filmore n'avoit pas mauvaise opinion de lui ; ce qui produisit du moins un bon effet : ce fut d'empêcher cet amant de se livrer au desespoir, & de faire des démarches téméraires qui n'auroient servi qu'à augmenter encore les embarras & les inquiétudes de tous les deux.

Monsieur & Madame Stanley, qui éclairoient de fort près la conduite de leur fils, étoient enchantés de voir qu'il s'appliquoit maintenant tout de bon à ses études : il est vrai qu'un mois après, ils furent un peu allarmés à l'arrivée du Lord Belfont à la Ville. Ils sçavoient que leur fils avoit les plus grandes obligations à ce Noble; ils sçavoient en même tems l'ascendant que son mauvais exemple avoit déjà eu sur lui, & craignoient une récidive. Mais quelle ne fut pas leur satisfaction, quand ils virent leurs fils entretenir la même intimité avec ce Lord, sans se laisser entraîner par son exemple! Il avoit amené aussi le Capitaine Martin, à qui le Lord Belfont & le vieux Général avoient procuré depuis peu une

Compagnie. Sa préfence & fon exemple engagerent fans doute un peu George à s'abfenter de la fociété du Lord Belfont : car le Capitaine voyant que fon pere ne vouloit rien faire pour lui, & qu'il ne devoit attendre fa fortune que de lui-même, avoit déja appris à vaincre fes penchans & menoit une conduite très-régulière.

Monfieur Stanley paffoit avec cet ami la plus grande partite de fon tems. Le Lord Belfont étoit furpris lui-même des changemens qu'il voyoit dans les manières de George ; il remarqua qu'il étoit moins gai & moins vif qu'à l'ordinaire en compagnie. Il fut long-tems à en chercher la caufe, & à la fin, il conclut que George devoit être amoureux. Un jour que Stanley lui paroiffoit fort réfervé, il lui demanda moitié en riant, moitié férieufement, s'il avoit deviné jufte ? George protefta qu'il n'en étoit rien ; mais il le fit avec tant de chaleur & de véhémence, que le Lord n'en fut que plus confirmé dans fes foupçons. George ne voulant pas déclarer le nom de la perfonne, Belfont étoit trop poli pour le preffer davantage.

Le train de vie du Lord Belfont lui avoit fait appercevoir à la fin, qu'un tempérament n'est pas de fer, & qu'il peut s'ufer comme toute autre chose ; on lui confeilla d'aller prendre les eaux de Bath. Martin confentit à l'y accompagner. La veille du départ Stanley foupa avec eux ; & le Lord Belfont dit au Capitaine, en préfence de George : » Mar- » tin, ne trouvez-vous pas, ainfi que » moi, qu'il eft difficile d'en croire » Stanley, quand il nous dit qu'il n'eft » pas amoureux? N'en jureriez-vous pas »? » Ma foi Milord, répondit l'autre, je » le penferois en effet, fi ce n'étoit qu'il » le nie fi fortement ; ce que j'imagine » qu'il ne voudroit pas faire avec nous. » Alors fe tournant vers fon ami :» Allons, » Stanley, dites-nous bonnement fi cela » eft. Qui eft - elle » ? Comme il ne répondoit pas, Belfont lui dit : » Eh ! » bien, eft - ce encore une villageoife ? » Avez vous abandonné votre petite Al- » lemande ? Qu'elle s'aille promener, » répondit George. Ah ! je vois, ré- » pondit l'autre, vous en êtes las : c'eft » donc, à ce qu'il paroît, une flamme » honorable? Allons, George, dites-

,, nous cela. Eh ! bien , Milord , je vous
,, certifie fur ma parole , que ma mere
,, & ma fœur font les deux femmes de
,, tout Londres à qui je penfe le plus ».
George croyoit s'en être tiré avec cette
réponfe ; mais le Pair ayant remarqué
l'affectation du mot *Londres* , lui dit :
» Dans tout Londres, mon cher George?
» Oh ! elle n'eft donc pas à Londres :
» peut - être eft elle à Bath : en ce cas ,
» voulez-vous nous charger d'une lettre? »
Notre Héros penfa prefque fauter de joie
à cette offre , mais bien-tôt il fe remit
& en comprit tout le ridicule. Craignant
donc d'être badiné plus long-tems , il
perfifta à affurer qu'il n'étoit point amoureux. Il n'eft peut-être pas facile de dire
pour quelle raifon il le nioit fi fortement à deux amis tels que le Lord Belfont & Martin : comme il n'avoit jamais
dit un feul mot de fon amour à la perfonne même qui en étoit l'objet , peut-
être crut-il qu'il y auroit de l'extravagance à dire qu'il en étoit épris. Quoi
qu'il en foit , il les quitta fans leur avoir
fait aucun aveu.

Quoique Mifs Stanley vît fon frere
tous les jours , quoiqu'il lui parlât con-

tinuellement de Léonore ; quoique Léonore lui écrivît régulierement deux ou
trois fois par femaine , & qu'il n'y eût
aucune lettre où elle ne fît mention de
lui, cette confidente mutuelle ne leur
faifoit pas connoître combien ils étoient
chers l'un à l'autre : tout au contraire, elle
prenoit toutes les peines du monde, pour
perfuader à chacun d'eux qu'il n'étoit pas
poffible que cette affaire fût jamais accomplie. A la vérité , elle fe repentit
mille fois , d'avoir dit à Léonore ce que
fon frere lui avoit dit d'elle à fa premiere vifite; car depuis ce tems-là, Léonore convaincue qu'elle étoit maitreffe
du cœur qu'elle defiroit de poffé der ,
connoiffant d'ailleurs la pureté du fien ,
& fe repofant fur l'honnêteté de fes intentions , s'étoit crue en droit de fonger à
lui beaucoup plus qu'elle n'auroit ha-
zardé de faire fans cela. Ses penfées, il
eft vrai , étoient pures & vertueufes ;
fes intentions étoient honnêtes & bonnes ;
& fes actions étoient réglées en conféquence : mais auffi , dès le commencement , il y avoit fi peu d'apparence de
réuffir, qu'il auroit été prudent, du moins
à tous les deux, de faire un peu plus d'ef-

forts pour réfifter à une paffion qui , dans son principe auroit été facile à furmonter ; mais que, pour l'avoir laiffé croître jufqu'à un certain point, il n'étoit plus ni fi facile, ni peut-être honnête d'abandonner. Qu'on doit donc faire peu de fond fur cette rectitude morale , cette regle fixe ! puifque dans le fait, manquez le moment de faire une chofe , elle devient tout d'un coup de bonne , mauvaife , & abfurde , de louable qu'elle étoit ; car c'eft le tems & les circonftances qui donnent la grace & le mérite à toutes les actions humaines.

CHAPITRE XXXV.

Notre Héros fait l'aveu de sa passion pour Léonore.

TOut ce que Miss Stanley put dire à son frere fut inutile : il persista toujours dans la résolution d'avouer sa passion, dès que Léonore seroit de retour à la Ville, (& on l'attendoit bien-tôt). Tout ce que Miss Stanley écrivit à Léonore produisit aussi peu d'effet : à la vérité, cette jeune Demoiselle n'avouoit pas sa passion comme son Amant ; au contraire, elle remercioit constamment son amie de ses bons avis, & l'assuroit toujours de ses résolutions les plus fortes de s'y conformer : ce n'étoit pas son amie qu'elle trompoit en cela, mais elle-même. A la fin, le jour de son arrivée fut fixé. Miss Stanley eut bien de la peine à empêcher son frere d'aller au-devant d'elle sur la route, & ce ne fut que sur la promesse de l'accompagner chez Lady Filmore, le lendemain de son arrivée ; la sœur fut obligée d'y consentir contre

N v

son inclination ; cependant elle ne pouvoit guères s'en défendre, & George réfolut de l'aller trouver le matin de très-
bonne heure.

Avant qu'il fortît, Martin étoit déja
chez lui. Il fut furpris de voir le Capitaine qu'il n'attendoit pas, & même de
le voir encore en bottes : mais l'embraf-
fant avec beaucoup de cordialité & d'a-
mitié, il lui demanda pour quelle raifon
il étoit revenu fi brufquement à Londres.
Stanley craignoit qu'il ne fût arrivé quelque chofe de fâcheux à fon ami Belfont.
Martin l'affura que le Pair étoit en bonne
fanté, & ajouta : »George, je fuis ac-
» couru bien vîte, & fi mon voyage ré-
» pond à mes defirs, je me croirai fort
» heureux & vous auffi ; car nous fervi-
» rons tous les deux notre digne ami le
» Lord Belfont. Voici une lettre pour
» vous : il vouloit envoyer un domefti-
» que : comme j'ai cru que fa vie pou-
» voit en dépendre, je n'ai pas voulu m'en
» repofer fur la diligence d'un valet, je
» fuis venu moi même ». Comment ! Sa
vie ! répliqua Stanley. Qu'entendez-vous
par là ? »Oui, mon cher George, il eft
» devenu amoureux....de la plus aimable

› personne que j'aye jamais vue : mais sa
› maudite réputation de libertinage a mis
› la grand'mere contre ses intéréts. Ce-
› pendant, il a obtenu d'elle qu'elle don-
› neroit son consentement, pourvu qu'il
› obtînt celui du grand-pere. Elle & la
› jeune Demoiselle sont de retour à la
› Ville. Quand elles ont été parties,
› nous avons découvert que la grand'-
› mere inclinoit pour un autre, & se
› proposoit d'employer tout son crédit
› en sa faveur auprès du grand-pere.
› Cette lettre est pour vous prier d'en-
› gager votre pere, qu'on dit être l'ami
› & le voisin du vieux bon homme, à le
› déterminer d'accepter le Lord Bel-
› font ›. Comment ! s'écria Stanley, en
changeant de couleur ; puis prenant la
lettre, il ne fit que la parcourir des yeux,
sans avoir assez de patience pour la lire
en entier. Cependant il en vit plus qu'il
n'en falloit pour lui faire perdre patience.
Il se leva tout troublé, en criant : Oh !
Dieu ! puis cachant son émotion, il dit
à son ami : › Martin, vous avez affaire,
› sans doute ? & moi aussi. J'espere vous
› trouver avant midi chez mon pere ;
› pour le présent, je vous prie de m'ex-

» cuſer ». Il prit ſon chapeau & ſortit avec précipitation, laiſſant ſon ami dans une telle ſurpriſe, qu'il ne ſongea à le ſuivre, que quand il le vit deja loin. Cependant il ſe rendit avec beaucoup d'agitation, chez M. Stanley, & apprit que ſon ami y avoit paſſé; mais que, ſans y reſter plus de ſix minutes, il étoit ſorti avec ſa ſœur. Alors il demanda à parler à M. Stanley le pere, & lui fit tout le détail de la commiſſion dont il étoit chargé.

Suivons maintenant notre Héros. Sa ſœur le voyant dans la plus violente agitation, fut extrêmement étonnée & refuſa d'aller avec lui : mais il lui jura que ſi elle différoit ſeulement d'un inſtant, il iroit ſeul. Lady Filmore les reçut, à ſon ordinaire, d'une façon très-polie ; les deux Demoiſelles monterent enſemble : il eut pour lui la ſatisfaction de cauſer plus d'une demi-heure avec la Douairiere, qui lui fit compliment ſur ſa réformation dont ſa mere l'avoit informée par lettres. George n'étoit pas alors en humeur de rien ſupporter. Il prit congé de Milady, en diſant qu'il reviendroit dans une heure ou deux reprendre ſa sœur. Cependant son heure n'avoit pas tout-à-fait soixante minutes ; car il revint bien-tôt après, & trouvant les deux Demoiselles seules, il ferma la porte ; puis prenant la main de Léonore, il la pressa quelques momens contre ses levres, déclara sa passion, protesta de sa sincérité, & demanda pardon de sa hardiesse : en un mot, il parla jusqu'à perdre haleine, & pensa effrayer la pauvre Léonore ; car il avoit les yeux égarés, & tenoit des discours sans suite.

Léonore ne disoit pas un seul mot. A la fin, son amie s'en mêla : » Mon cher » George, lui dit-elle ; qu'y a t-il donc ? » & qu'avez - vous ce matin » ? Ce que j'ai, ma sœur ! Voyez, dit-il, en tirant la lettre du Lord Belfont ; voyez cela. Puis-je perdre pour jamais ma Léonore, & être tranquille ? O Léonore ! pardonnez ma témérité, d'oser ainsi vous avouer mon amour : il n'en est pas moins respectueux pour cela : je suis forcé de le faire ; sans cela, j'aurois été content de vous regarder pendant des siécles. Monsieur, répliqua Miss Filmore, mon bon Monsieur Stanley, que voulez-vous dire ? Qu'est-ce que cette lettre ? O Léonore !

elle eſt de mon ami...... de mon rival....,
du ſeul homme au monde qui puiſſe vous
mériter. Oui , c'eſt de lui , mais je vous
aimois , je vous adorois , avant qu'il ſon-
geât à vous. Il ne vous poſſédera pas.....
non , jamais il ne vous aura....... Puis ſe
ſaiſiſſant de ſes mains..... Vous ſerez à
moi..... uniquement à moi..... O charmante fille ! pardonnez-moi , pardonnez
à ma préſomption...... Dites , ma chere
Léonore , dites ſeulement que je ne vous
-ſuis point odieux. Hélas ! Monſieur Stanley , s'écria-t-elle ; non , en vérité , vous
ne l'êtes point. O Fanny ! dit-elle , en
rougiſſant & pâliſſant tour-à-tour, Fanny ! Que dirai-je ? que puis-je faire ? &
elle fondit en larmes. Fanny n'étoit pas
peu embarraſſée elle-même : elle voulut
leur conſeiller , du moins pour le moment, de ſe ſéparer ; mais ſon conſeil
vint trop tard : car dans le moment que
Stanley , pour remercier Léonore de ſa
réponſe , avoit encore pris la liberté de
la ſaiſir dans ſes bras , Lady Filmore
ouvrit la porte.

Il ſeroit impoſſible de peindre l'orgueil, le dédain & la colere de la Douairiere , l'accablement & la frayeur de

Léonore, ou la stupéfaction de Stanley.
Je n'entreprendrai pas non plus de décrire l'embarras & le chagrin de sa sœur.
La vieille Dame, voyant sa petite-fille dans les bras de Stanley, rompit le silence la premiere. Comment ! dit-elle, Léonore ! Puis-je en croire mes yeux ? Allez, retirez-vous ; montez à votre chambre, Mademoiselle. Léonore voulut lui répondre ; elle n'en eut pas le tems, & la Douairiere lui répéta avec mépris : *Allez à votre chambre.* La pauvre Léonore, quoiqu'à peine en état de marcher, obéit sans répliquer : au reste, elle n'étoit pas trop fâchée d'être seule. Elle regardoit pourtant Fanny, & auroit bien voulu la tenir avec elle ; cela n'étoit pas possible. Stanley voulut même prendre la parole ; mais la vieille Dame sortit majestueusement de la chambre, & ne dit que ces deux mots : » Je ne sçaurois me figurer
» que votre mere soit d'intelligence dans
» cette affaire ». Puis se tournant vers Miss Stanley : » Et vous aussi, Miss, vous
» prêter à cette horreur !.... fi.... je n'au-
» rois pas cru être jamais dans le cas de
» dire aux enfans de Madame Stanley de
» sortir de chez moi ; mais j'y suis obli-

» gée, il le faut ». Stanley étoit dans une colere affreuse, & la sœur eut bien de la peine à lui faire quitter la maison ; mais la domestique de Léonore étant venue l'en prier, il obéit. Dans son trouble, il laissa tomber par terre la lettre du Lord Belfont ; mais il ne fut pas plutôt de retour chez lui, qu'un laquais de Lady Filmore la rapporta toute cachetée à sa mere, avec un billet pour elle. Nous verrons dans le Chapitre suivant, ce que contenoient l'un & l'autre.

CHAPITRE XXXVI.

L'Amitié même doit céder la place à l'Amour.

LETTRE DE MILADY FILMORE A MADAME STANLEY.

MAdame, Dieu sçait comment je dois agir avec vous .... J'ai trouvé dans ma salle à manger, la lettre que je vous envoye. Après ce qui est arrivé, j'ai cru être en droit, & même qu'il étoit de mon devoir, d'en prendre lecture. Je vois qu'elle ne vient pas de la main que je craignois ; j'en ai trouvé assez pour juger que Lord Belfont a été bien foible, ou du moins bien malheureux dans le choix d'un ami & d'un confident. Je souhaite avoir lieu d'être autant que jamais votre amie FILMORE.

Voici la lettre du Lord Belfont qui y étoit renfermée.

» Mon cher Stanley, je n'aurois pas
» eu besoin de vous écrire du tout, puis-
» que notre ami Martin a bien voulu se

» charger de toute l'affaire qui fait le sujet
» de cette lettre. Il vous dira qu'enfin j'en
» suis venu au point de me repentir sé-
» rieusement de toutes mes folies : ne
» vous imaginez pas pour cela que je sois
» à languir au lit de la mort ; non, mon
» ami, mes forces reviennent de jour en
» jour, & je serai bien-tôt aussi vigou-
» reux qu'il le faudroit pour être aussi
» fou que jamais. Mais à la fin, le Ciel
» m'a ouvert les yeux ; il m'a fait voir la
» vertu sous une forme si belle, si enga-
» geante, si charmante, que je suis sur-
» pris d'avoir été si long-tems insensible
» à ses beautés. En un mot, mon cher
» George, j'ai vu & j'ai conversé avec
» la plus aimable & la meilleure des
» femmes. Ne croyez pas, mon ami,
» qu'un simple visage puisse bouleverser
» mes sens & s'emparer de tout mon
» cœur : non, quoique cette aimable per-
» sonne soit d'une beauté au-delà de
» toute imagination, si c'étoient-là tous
» ses avantages, mes yeux l'auroient
» peut-être considérée quelque tems
» avec plaisir ; mon cœur seroit resté
» tranquille & à son aise. Vous me con-
» noissez assez pour cela : mais, mon

» cher Stanley, je trouve ici un entende-
» ment exquis ; point de ces saillies ex-
» travagantes d'un esprit faux ; point de
» ce bavardage plat & insipide : tout ce
» qu'elle dit, tout ce qu'elle fait, est
» marqué au coin de la décence, du bon
» sens & de la vertu. Au reste, je n'ai
» sûrement pas besoin de vous dire tout
» cela ; car il me semble qu'elle est de
» votre connoissance. Ah ! Stanley, qu'il
» est heureux pour votre tranquillité,
» que vous ne l'ayez pas vue avec les
» mêmes yeux que moi ! Mais revenons
» à l'objet de ma lettre. Lady Filmore,
» sa grand'mere, me fait des objections
» sur la vie que j'ai menée ; cette Dame
» a beaucoup d'amitié pour votre mere,
» & me gronde souvent de vous avoir
» dérangé : elle dit que vous vous êtes
» maintenant réformé ; je vous en fais
» compliment, mon grave Monsieur,
» & je m'en réjouis sincerement, par une
» raison toute simple : c'est que votre air
» sanctifié pourra m'être utile aujour-
» d'hui, en répondant aussi de ma ré-
» forme. Allez voir cette vieille Dame,
» mon cher George, & jurez-lui que je
» suis devenu un saint. Comme j'ai eu le

» blâme de vous avoir féduit , quoique ,
» foit dit en paffant , vous étiez d'af-
» fez bonne volonté , permettez que
» j'aye auffi l'honneur de votre conver-
» fion ; auffi bien vous fçavez que je vous
» ai quelquefois fait des réprimandes :
» mais , férieufement , mon ami , vous
» pouvez répondre de moi ; car , s'il
» plaît au Ciel de m'accorder cette chere
» & aimable fille , je jure...... Quel fer-
» ment eft affez facré , quand il s'agit de
» Léonore ? Oh ! George , je l'adore ;
» j'amais je ne lui ferai l'affront de con-
» cevoir la moindre penfée pour toute
» autre femme. Mais tâchez de perfuader
» à la grand'mere que je fuis maintenant
» un garçon rangé. La vieille Dame , fi
» je ne me trompe , n'a pas trop mau-
» vaife idée des débauchés convertis ,
» comme elle nous appelle. A l'égard
» de la charmante Léonore , je ne vous
» prie pas de lui parler de moi ; car vous
» fçavez que j'ai pour maxime, en pareil
» cas , de ne jamais employer perfonne
» pour parler en ma faveur : tout au plus
» je pourrois vous donner une lettre......
» Mais vous pouvez me rendre un fer-
» vice. En voyant l'indifférence de cette

» belle fille, & fon attention à changer
» de propos, toutes les fois que je vou-
» lois parler de mon amour, j'ai long-
» tems imaginé que cela venoit de ce
» que....... elle eft femme, mon cher
» George. Mais le matin d'avant fon dé-
» part, étant allé prendre congé d'elle,
» & ayant profité d'un moment heureux
» que la vieille etoit abfente, pour me
» déclarer plus nettement que je n'avois
» ofé le faire jufqu'alors, elle rougit,
» fut troublée, & me quitta, en me di-
» fant : Milord, mon cœur n'eft plus ac-
» tuellement à ma difpofition ; je vous
» prie, Milord..... & comme fi elle fe
» vouloit reprendre : vous fçavez que je
» dépends de ma grand'maman. Peut-
» être, je l'efpere, n'y a-t-il rien de tout
» cela ; mais peut être auffi que quelque
» miférable, quelque vil & méprifable
» jeune homme a empoifonné les affec-
» tions de ce jeune cœur. Si cela eft, dé-
» couvrez qui il eft, & dites-le-moi
» promptement, Stanley, afin que j'é-
» crafe ce malheureux..... Mais que dis-
» je ? cela ne fe peut pas.... Léonore eft
» toute parfaite, & ne peut pas s'être
» prétée à une paffion indigne d'elle.

» Cependant il peut arriver que quel-
» que rival heureux, & mon égal pour
» le rang & la fortune, soit venu avant
» moi, & ait trouvé la route d'un cœur
» qu'il ne peut pas mériter plus que je
» ne ferai...... Oh! mon ami, informez-
» vous - en, & faites - le - moi sçavoir
» promptement. On me dit qu'il y auroit
» du danger pour moi à quitter Bath de
» quelque tems; si vous découvrez quel-
» que chose, écrivez - le - moi vîte : à
» l'instant, vous me verrez à Londres.

» Ce n'est pas encore tout ce que j'ai
» à faire avec vous. La grand'mere, mal-
» gré toutes mes instances, n'a jamais
» voulu me recevoir chez elle, que sur
» le pied des autres qui viennent en vi-
» site, sous prétexte qu'elle n'a pas droit
» de disposer de Léonore, sans le con-
» sentement de son grand-pere : elle
» m'a dit, avec une affectation de vertu
» assez impolie, que je ne devois pas
» m'attendre de l'avoir pour avocate au-
» pres de lui, parce que j'avois mené un
» genre de vie si étrange, qu'elle ne sça-
» voit comment une femme pouvoit ou-
» vrir la bouche pour ma justification.
» Me voilà puni, mon cher Stanley, de

,, toutes mes iniquités ; pour vous , mon
,, ami, vous pouvez me servir. Ce grand-
,, pere est , à ce que je crois, de la con-
,, noissance & voisin de votre pere ; on
,, dit qu'il est riche & bourru , & qu'il
,, affecte orgueilleusement de ne pas faire
,, cas de la noblesse : je ne demande pas
,, de fortune ; qu'il m'accorde Léonore,
,, & qu'il donne son bien à qui il voudra.
,, Engagez votre pere à employer son
,, crédit pour moi ; il n'y a point de tems
,, à perdre : le jour même que Bath a
,, été privé de la plus charmante per-
,, sonne qui y soit jamais venue , j'ai dé-
,, couvert que la douairiere a dessein de
,, donner ce trésor inestimable à l'héri-
,, tier d'une ancienne famille du pays de
,, Galles , à un garçon qui n'a d'autre
,, mérite que d'être un prodige de so-
,, briété. Il a offert aussi de la prendre
,, sans aucun bien actuel, pourvu qu'on
,, lui en assure un raisonnable à la mort
,, du grand-pere. Oh ! George, si mon
,, cœur n'étoit pas profondément touché
,, des vertus de cette aimable fille , &
,, que son mérite seul ne dût pas l'em-
,, porter sur toutes les autres considéra-
,, tions..... pensez-vous que je voulusse

,, folliciter le confentement d'un Notai-
,, re ? Adieu. Ma lettre eft longue , &
,, je vous donne bien de l'embarras ;
,, mais votre amitié me répond que vous
,, ferez bien aife de me fervir. Notre
,, digne ami a voulu fe tranfporter lui-
,, même à Londres : avec deux amis fem-
,, blables , qui agiront de concert pour
,, moi , je ne puis manquer de réuffir ;
,, & alors notre amitié n'aura jamais de
,, fin ; car je menerai une vie plus ran-
,, gée qu'aucun de vous , de forte que
,, vous n'aurez plus peur de moi comme
,, vous avez fait dernierement , George ,
,, & comme Martin a toujours fait. Em-
,, ployez-vous bien , cher Stanley ; que
,, votre pere travaille auffi-tôt. Donnez-
,, moi de vos nouvelles , & croyez-moi
,, fermement votre ami , Belfont.

Madame Stanley ne fut pas peu choquée de recevoir cette lettre , & étoit
fort embarraffée d'y rien comprendre ,
jufqu'à ce que fa fille l'inftruifit de ce qui
étoit arrivé dans la matinée. Elle fit alors
une févere réprimande à fon fils.

Quoique George gardât le filence ,
par refpect pour fa mere , elle apperçut
cependant qu'il ne faifoit aucune attention

à

à ce qu'elle difoit. Elle connoiſſoit ſa ſenſibilité, & eſpéra que ſon amitié pour le Lord Belfont, auroit plus de pouvoir ſur lui, que tous les raiſonnemens. Elle lui remit donc la lettre du Lord Belfont, en lui faiſant remarquer combien il lui ſiéroit mal de traverſer le bonheur d'un homme qui avoit été ſi fort ſon ami, & qui comptoit tant ſur lui. Il n'avoit fait d'abord que parcourir la lettre ; il la lut maintenant toute entiere. Il ne put s'empêcher d'appuyer ſur certains mots, quoique ce fût le langage d'un rival. Son embarras & ſa colere étoient égaux. Son rival étoit un homme à tous égards fort dangereux, que la nature & la fortune avoient rendu le plus propre à ruiner ſes eſpérances. Cependant il avoit à cet homme de ſi grandes obligations, que ſon honneur, & même la ſimple honnêteté ſembloient lui impoſer l'obligation de l'aider, & de le ſeconder dans tout deſſein honnorable. En effet, ſon cœur l'aſſuroit qu'il ſeroit toujours empreſſé à le faire dans toute autre choſe que dans un projet qui croiſoit directement ſes eſpérances, & les plus ardens deſirs de ſon ame. Pour celui-ci, il crut qu'il ſeroit plus que déraisonnable de prétendre qu'il dût lui prêter son assistance.

CHAPITRE XXXVII.

Leçon pour enseigner aux amis à agir avec franchise.

LE vieux Monsieur Stanley n'eut pas plutôt appris du Capitaine Martin, la passion du Lord Belfont, que profitant avec empressement de l'occasion de servir ce Lord, il se hâta d'aller trouver M. Scrape. Comme le prétendant ne demandoit pas mieux que de prendre sa petite fille sans fortune, M. Stanley se crut presque assuré du succès, & il ne s'étoit pas trompé. Scrape à l'instant dressa un Acte, par lequel il consentoit au mariage, pourvu que Milord se prêtât à certains arrangemens : & comme il sçavoit que cela ne l'engageoit à rien, il promettoit en cas qu'ils se conduisissent bien, de leur laisser tout ce qu'il avoit. Cette affaire avoit obligé le vieux M. Stanley de dîner en ville; mais elle ne fut pas plutôt finie, que le Capitaine Martin en écrivit la nouvelle au Lord Belfont.

Le Capitaine avoit été surpris & même choqué de la conduite de George ; mais l'affaire du Lord Belfont occupoit alors toute son attention. Maintenant qu'elle étoit terminée , il commença à réfléchir & crut y entrevoir , sur les façons de Stanley , quelque raison de craindre que l'intérêt des deux hommes qu'il aimoit le plus dans le monde, ne fût compromis. Il s'en retourna au logis de M. Stanley avec lui , où le vieux Gentilhomme rencontrant son fils , lui dit : George , qu'êtes-vous devenu tout aujourd'hui ? Sans doute vous êtes allé avec votre sœur , parler à Lady Filmore , en faveur du Lord Belfont , votre ami ? J'ai fait plus, moi ; j'ai été trouver Scrape , & j'ai obtenu son consentement. Comment , Monsieur ! dit le fils , fort surpris ..... Oui , Monsieur , sûrement je l'ay obtenu. Cet honnête homme étoit de la meilleure humeur du monde d'avoir pu obliger ce Lord , dont l'amitié pour son fils l'avoit engagé puissamment à prendre ses intérêts. Il s'étoit attendu de trouver George bien réjoui , & content de ce qu'il avoit fait. Il n'est donc pas extraordinaire s'il fut extrêmement surpris de ce que George avoit dit , & encore plus , quand George se tournant vers le Capitaine s'écria : Ah ! Martin , je ne pensois guéres que vous travailleriez à ma perte. A ces mots il quitta brusquement la chambre , & le Capitaine le suivit.

Cependant Stanley fut bien-tôt réconcilié avec son ami , étant bien convaincu qu'il n'avoit pas pu se dispenser d'agir comme il avoit fait. S'il ne se fût pas lui-même conduit si brusquement le matin , on n'auroit pas tant pressé les choses. Stanley alors se blâma dix mille fois de n'avoir pas informé le Lord Belfont & lui de toutes ses vues. S'il eût agi franchement & ouvertement , & peut-être comme deux pareils amis le méritoient, s'il leur eût déclaré la situation de son ame , Belfont, qui étoit réellement plein d'honneur & bon ami , n'auroit jamais souffert que ses yeux engageassent son cœur , où il sçavoit que celui de son ami étoit déja engagé. Il est facile de prévenir un mal , quoiqu'il soit souvent impossible d'y remédier quand il est arrivé. Combien ne devons-nous donc pas être attentifs , non seulement à réprimer nos passions , mais encore à empêcher qu'une fausse modestie , ou un point d'honneur mal entendu, ne nous précipite dans la plus légere apparence de fausseté! En se déclarant bonnement à ses amis, Stanley se fût évité à lui & à eux tout cet embarras. Il ne le prévoyoit pas alors ; mais la connoissance qu'il en eut ensuite, ne servoit plus à rien. Martin cependant résolut d'en écrire lui - même au Lord Belfont ; il le fit fort au long, & finissoit par desirer que l'un d'eux voulût bien abandonner ses prétentions en faveur de son ami ; il lui marqua même qu'il emploieroit tous ses efforts pour y parvenir, mais qu'il ne se croyoit point obligé de s'en mêler davantage, ni de prendre parti en épousant les intérêts de l'un au préjudice de l'autre.

Stanley de son côté étoit aussi engagé d'honneur à écrire au Lord ; ce qu'il fit de la maniere suivante.

M I L O R D,

›› Je vous remercie de tout mon cœur ›› des preuves d'amitié & de confiance ›› sans nombre que j'ai reçues de vous : ›› la derniere que vous m'en donnez dans ›› la lettre que m'a remis, de votre

,, part, le Capitaine Martin, m'a jetté
,, dans le plus grand embarras. Je ne
,, defire rien tant que de pouvoir vous
,, être utile en quelque chofe ; & je fuis
,, sûr que vous me plaindrez, quand vous
,, fçaurez les circonftances où je me
,, trouve. Notre ami vous en fera le dé-
,, tail pour moi ; je ne jouis pas de la
,, liberté néceffaire pour m'en acquitter.

,, Ce n'eft pas un homme du rang,
,, de la fortune, ni du mérite du Lord
,, Belfont, qui a trouvé la route du
,, cœur de Léonore : mais il eft vrai
,, auffi qu'un homme vil & méprifable
,, n'a point empoifonné fon affection.
,, La bonne opinion que vous avez eue
,, de moi jufqu'ici juftifiera cette Dame,
,, fi elle veut bien me regarder d'un œil
,, favorable. Ah ! Milord, foyez sûr
,, que je n'aurois pas de plus grand plaifir
,, au monde que de pouvoir contribuer
,, à votre bonheur. Rien au contraire ne
,, m'afflige tant que de voir que j'y fuis
,, un obftacle. Vous dites que je fuis
,, heureux de ne pas avoir connu tout fon
,, mérite : hélas ! Milord, il y a long-
,, tems que je le connois ; & je le con-
,, nois dans toute fon étendue. Si elle

,, eût fixé son choix sur vous , j'aurois
,, déploré ma perte en silence , & mê-
,, me j'aurois été bien-aise que vous fussiez
,, heureux. Mon cher Lord , je sçais tout
,, ce que vous valez. Vous ne voudriez
,, pas être un ravisseur ..... Vous avez
,, le cœur trop noble pour tirer avan-
,, tage des ordres de ses amis , & la
,, forcer de passer dans vos bras. Je sçais
,, que vous en détestez jusqu'à l'idée
,, même , autant que je le fais. Quand
,, elle a dit que son cœur n'étoit plus en
,, sa disposition , songez , cher Milord ,
,, qu'elle a voulu dire que j'y avois quel-
,, que part. Au moyen des vertus que
,, vous possédez , je puis bien , je crois ,
,, réclamer mes droits , & profiter de
,, mon ancienneté. Admettez - moi ce
,, point ; du reste disposez de moi comme
,, il vous plaira , pendant tout le cours
,, de ma vie : je suis toujours , &c.

G. STANLEY.

CHAPITRE XXXVIII.

Un homme amoureux ne trouve jamais de justice dans les prétentions de son rival.

LE Lord Belfont avoit été très-satistait de la dépêche de M. Martin, qui avoit insisté avec plaisir sur le service que M. Stanley lui avoit rendu. Il imputoit tout ce succès au crédit que George avoit sur l'esprit de son pere, & se félicitoit d'avoir un tel ami. L'ordinaire suivant changea tout-à-fait la situation de son ame. Si auparavant il avoit fait honneur à notre Héros, des vertus dont il n'avoit pas fait usage, il se dédommagea bien en le chargeant de crimes dont il n'étoit point coupable. Il oublia son flegme & sa modération ordinaire. Il ne daigna pas écrire du tout à Stanley, & oublia absolument le zèle avec lequel le pere l'avoit servi. Mais il écrivit à Martin la lettre suivante.

MONSIEUR,

,, Si la conduite de ce Gentilhomme,
,, vis-à-vis d'une personne qui le consi-

,, déroit auſſi ſincérement que vous pouvez
,, le faire, ne vous détourne point d'a-
,, voir à l'avenir aucune liaiſon avec lui,
,, je n'ai pas droit de vous dire d'aban-
,, donner ſes intérêts ; mais je dois vous
,, prier de ne point vous mêler des miens :
,, car je ne veux, ni ne puis, en honneur,
,, abandonner mes prétentions. Si, lorſ-
,, que nous étions enſemble à la Ville,
,, & que nous le queſtionnâmes à ce
,, ſujet, il nous eût dit que ſon cœur
,, étoit engagé, dans ce cas..... j'en
,, aurois agi comme un ami, & je lui
,, aurois conſeillé de ne plus penſer à
,, Léonore. Mais quelle ſottiſe à lui que
,, d'y penſer ? Il me ſemble que jamais
,, il n'en a ouvert la bouche à cette De-
,, moiſelle. S'il l'eût fait, je penſe bien
,, qu'elle lui eût ri au nez : une fille d'une
,, grande famille, & qui eſt ſous la tu-
,, telle d'une grand'mere vigilante! Pou-
,, voit-il ſe flatter que jamais Lady
,, Filmore voudroit conſentir à marier
,, Léonore à un homme qui n'a que
,, peu ou point de fortune ; & qui, quand
,; il en auroit, n'eſt que trop enclin à
,, manger ſon bien ? D'ailleurs, ſi on eût
,, demandé le conſentement du grand-

,, pere , auroit - il voulu difpofer ainfi
,, de fa fortune ? ou eft-il vraifemblable
,, que la Demoifelle difpofât ainfi d'elle-
,, même en dépit de tous ces obftacles ?
,, J'ai trop bonne idée de Miff Filmore,
,, & puifqu'il faut le dire , de ce Gen-
,, tilhomme même pour l'imaginer.

,, Il fe qualifie de mon ami. Je lui
,, ai écrit , à la vérité , fous ce nom ,
,, en lui confiant mes fentimens pour
,, une Dame , auprès de qui il pouvoit
,, me fervir. Il ne lui avoit jamais parlé
,, avant ce tems ; actuellement, il profite
,, de cette occafion pour déclarer fa
,, paffion. Mais fuppofé qu'il eût quel-
,, ques idées fur cette Demoifelle , ne
,, devois-je pas m'attendre, vû l'impoffi-
,, bilité de réuffir , qu'il étoufferoit une
,, flamme qui pouvoit mettre obftacle à
,, mon bonheur ? Ce ne pouvoit être
,, alors qu'une lueur , qui maintenant ex-
,, citée par l'obftacle qu'elle oppofe à
,, un homme qu'il appelloit fon ami ,
,, peut bien avoir acquis de nouvelles
,, forces. Etoit-ce là le rôle d'un ami ?
,, J'ai déclaré ma paffion à la Démoi-
,, felle , à fes amis, à tout le monde.....
,, Il me dit de la lui céder. Pourquoi

,, cela ? Parce que , dit-il , il a quelque
,, raison de croire qu'il ne lui est pas
,, indifférent. Il faut que je le déclare ,
,, une telle prétention est insolente &
,, folle. Car quand je céderois les mien-
,, nes , en seroit-il plus près d'obtenir
,, l'effet de ses desirs extravagans ? Pour
,, moi , je ne lui dis pas d'étouffer son
,, amour . . . . . qu'il le suive , s'il veut :
,, tant pis pour lui.

,, J'arriverai à Londres dans peu de
,, jours : je n'ai été que trop long-
,, tems ami de ce jeune homme. Si le
,, hazard fait que nous nous rencontrions,
,, que ce soit comme des gens étrangers
,, l'un à l'autre. Excusez-moi , Monsieur,
,, si je parle si librement d'un homme
,, que vous honorez de votre amitié.
,, Mais j'en ai été cruellement traité.
,, J'espere avoir le plaisir de vous voir
,, quand je serai de retour à la Ville ,
,, & suis tout à vous ,

Belfont.

Il semble que le Lord Belfont avoit
quelque raison de se plaindre ; mais nous
qui sommes derriere la toile , pour voir
ce qui se passe dans l'ame du pauvre Stanley , qui sçavons qu'il est tout concentré

O vj

dans l'admiration des vertus de Léonore, & qu'il souffroit sincèrement de trouver un rival dans le Lord Belfont , dont il auroit desiré, de tout son cœur, de mériter l'amitié , nous ne pouvons pas tout-à-fait condamner Stanley. En effet, si le propre cœur du Lord Belfont n'eût pas été si profondément épris pour Miss Filmore , que son affection étouffoit tous les autres liens, & qu'il ne pouvoit souffrir aucun obstacle , personne n'étoit plus capable que lui de pénétrer les ressorts les plus secrets de l'ame , qui cachés aux yeux vulgaires , donnent le branle à toutes les actions : si, dans cette recherche , il trouvoit la source même nette & exempte de la plus petite particule de bassesse ou d'intérêt personnel , personne au monde n'étoit plus disposé que lui à écarter tous les obstacles extérieurs , que le pouvoir , le mauvais naturel ou l'indignité pouvoit semer à la traverse , pour arrêter toutes ses opérations. Si tout autre eût été le rival de Stanley , quel qu'eût pu être son mérite, son rang, sa fortune, & ses qualités personnelles, le Lord Belfont n'auroit pas été si prompt à lui conseiller d'abandonner une belle femme à qui il n'avoit pas lieu de fe croire indifférent. Le meilleur d'entre nous voit les chofes d'un tout autre œil , quand il y va de fon propre intérêt , & fur - tout que fon bonheur en dépend.

CHAPITRE XXXIX.

Modèle, pour les vieux foux, de la maniere de se conduire avec les jeunes foux.

QUAND Lady Filmore eut écrit à Madame Stanley, elle tint sur le champ en elle-même un conseil, où l'orgueil & le bon sens eurent un combat vif à soutenir. Le premier lui représentoit une longue suite d'ancêtres, tous flétris & déshonorés par la passion indigne de Léonore ; il la condamnoit même des égards qu'elle avoit marqués précédemment à la mere, & de l'affection qu'elle avoit si long-tems, & comme disoit l'orgueil, si honteusement montrée pour la fille. L'orgueil alloit ainsi grand train, jusqu'à ce qu'avec la mere, le mari de la mere, son propre fils, son fils chéri lui revenant à la mémoire, lui fit verser un torrent de larmes..... Justement, alors le bon sens qui étoit resté muet, commença à se faire entendre : il lui rappella que la mere avoit réellement droit à tous ses égards, que sa fille n'avoit jamais mérité , de sa part , aucuns termes de ressentiment : qu'elle étoit douce, gentille , gracieuse au dernier point ; que cette derniere qualité auroit empêché de faire aucune démarche qui fût positivement contre l'avis d'une personne à qui elle avoit tant d'obligations. Il lui représenta aussi que quoiqu'il fût probable , après ce qu'elle avoit vu , que tout n'avoit pas été comme elle l'auroit desiré , elle ne sçavoit pourtant rien de particulier , & que si elle prenoit des moyens rigoureux , cela empêcheroit peut-être sa petite fille d'agir franchement avec elle ; mais que par la voie de la persuasion, & en la menaçant doucement de son indignation , elle pourroit amener cette jeune fille à lui déclarer jusqu'à quel point la famille de Stanley étoit entrée dans cette affaire. Elle s'étoit persuadée que Madame Stanley & sa fille étoient d'intelligence , mais elle desiroit d'en être pleinement informée : elle vouloit sçavoir aussi quand George avoit parlé à Léonore pour la premiere fois ..... le tout afin de pouvoir prendre ses mesures en conséquence.

Quand elle eut résolu quelle route

elle devoit prendre, son ame fut un peu plus tranquille. Elle appella la femme de chambre de Léonore..... Cette fille accourut avec les yeux rouges à force de pleurer ; & quand elle lui demanda des nouvelles de Léonore, celle-ci répondit : Hélas ! Madame, ma pauvre jeune maitresse..... Madame, le cœur me saigne de la voir ainsi..... Certainement, Madame..... Que voulez-vous dire ? repliqua la Douairiere. Hélas ! Madame, répondit la fille, rien, si ce n'est que ma jeune Dame ne cesse de pleurer. Pour moi, je ne puis en deviner la cause ; j'ai craint que vous n'ayez été en colere contre elle ..... Lady Filmore ne prit pas trop garde à cette fille, & seulement se disant à elle-même, *cette pauvre enfant !* elle lui ordonna de dire à sa maitresse qu'elle iroit causer une demi-heure avec elle avant de s'habiller. La domestique monta vîte auprès de Léonore, en disant : Hélas ! Madame, non, je ne crois pas que Milady soit fâchée, ou du moins si fâchée ; car elle vient de me dire de vous annoncer qu'elle viendra causer un peu avec vous avant de s'habiller. Léonore en fut effrayée au point que ses larmes s'ar-

rêterent auſſi-tôt , & firent place à l'inquiétude la plus vive , ſur des ſuites
que devoit avoir la viſite prétendue de
ſa grand'mere.

Un moment après , la vieille Dame
parut , & on congédia Miſſ Betty : Léonore allarmée à la vue de ſa grand'mere ,
après ce qui s'étoit paſſé , fondit encore
en larmes : ce qui l'empêcha de pouvoir
parler, auſſi-bien que Lady Filmore, qui
cependant s'étant remiſe la premiere ,
dit: Aſſeyez-vous, mon enfant, aſſeyez-
vous : que ſignifie tout cela? Fi! ma chere,
remettez-vous ; je ſuis venue cauſer avec
vous. Oh ! Madame en vérité. . . . . répondit Léonore : elle ne put pas en dire
davantage. La bonne Dame n'étoit pas
non plus dans ce moment douée d'une
grande volubilité de langue. Elle ajouta
ſeulement : Eh ! bien , Léonore , je vois
que vous n'êtes guères en état pour le moment , de répondre à quelques queſtions
que j'ai à vous faire ; remettons la partie
après le dîner. Rappellez vos eſprits ,
& n'allez pas donner lieu de jaſer aux
domeſtiques. Pour l'amour de Dieu, ma
chere Léonore , ſéchez vos larmes ; je
ne ſuis pas venue pour vous gronder ,

mais pour m'entretenir d'amitié avec vous. Je me flatte que vous en agirez franchement & honnêtement , & que vous mériterez ma confiance , comme je crois avoir mérité la vôtre. Oh ! oui, vous la méritez , Madame ; jamais je n'oublierai votre bonté. C'est toute la réponse qu'elle put lui faire. Eh ! bien , je vous crois , dit la Douairiere : en voilà assez pour le présent. Je vais m'habiller : après-dîner nous parlerons un peu. En attendant, essuyez vos larmes , & que les domestiques ne s'apperçoivent de rien. En achevant ces mots , Milady sortit de la chambre.

Léonore fut frappée de la douceur de sa grand'mere. Ses larmes commencerent à couler avec plus d'abondance, aussi-tôt qu'elle fut seule. Elle ne s'apperçut pas que le tems s'écouloit ; le dîner étoit déja servi qu'elle n'avoit pas encore seulement attaché une épingle , quoique Betty lui eût rappellé plusieurs fois, qu'il etoit bien-tôt l'heure de dîner, que le dîner seroit bien-tôt sur table, que la premiere cloche avoit sonné ; tout cela fut inutile, Léonore se livroit à ses idées mélancoliques. Mais le dîner étant servi, elle ne fut pas peu effrayée, en songeant que Lady Filmore seroit fâchée si elle ne descendoit pas : cependant elle n'étoit pas en état de paroître. A la fin, elle se détermina à envoyer dire qu'elle ne se trouvoit pas bien. La bonne Dame fut un peu émue de ce message qu'elle prit pour un caprice, une mauvaise humeur, ou même un manque de respect, qu'elle n'étoit pas d'avis de laisser passer sous silence. Ainsi, se levant brusquement, elle monta les escaliers un peu plus vîte qu'elle n'avoit de coutume ; peut-être avoit elle envie de changer son plan ; Léonore l'entendant venir, accourut toute effrayée, & alla à sa rencontre, en criant : En vérité, Madame, je suis fort incommodée, je ne me porte pas bien. La frayeur l'avoit rendu aussi pâle que la mort. La vieille la trouvant ainsi, s'appaisa tout d'un coup ; elle fut un peu allarmée même, & lui répondit : Je suis bien fâchée de cela, ma chere enfant : eh ! bien, tranquillisez-vous. Vous avez raison de ne pas descendre : je dînerai avec vous dans votre appartement. Une aîle de poulet vous fera du bien. Elle n'avoit pas grand appétit elle-même ; mais elle détermina Léonore à manger un peu , & même à prendre un verre de vin. Aprés le dîner, le thé vint, & Lady ne lui fit point de questions. Léonore étoit toujours rêveuse, quoiqu'en apparence bien moins embarrassée qu'elle n'avoit été avant midi. Peu-à-peu, la Dame fit tomber la conversation sur le sujet qu'elle avoit en tête ; & elle traita Léonore avec tant de douceur, que Miss fut convaincue qu'il étoit de son devoir de lui remettre toutes les lettres de Miss Stanley, pour dissiper les soupçons qu'elle voyoit bien que sa grand'mere avoit pris contre cette Demoiselle, & l'empêcher de croire que Madame Stanley eût rien fait pour favoriser la passion de son fils.

Léonore ne disconvint pas qu'elle n'eût une opinion très-favorable de Stanley , mais c'étoit tout : car elle n'avoit sûrement jamais songé à rien faire sans le consentement & l'approbation de sa grand'maman : & en effet, cela étoit assez dans le vrai. Car les jeunes filles ne pensent jamais d'abord à faire le moindre pas sans le consentement du papa ou de la maman , parce qu'elles imaginent toujours qu'ils consentiront ; mais voyent-elles qu'ils en agiſſent autrement, alors un pas en amene un autre , juſqu'à ce que..... Mais revenons.

Pour diſculper le caractere de ſon amie, Léonore avoit remis ces lettres mêmes, qui devoient fournir la preuve de ſes propres foibleſſes. N'étoit ce pas avoir bien de la vertu ? Il ſeroit fâcheux de diminuer ſon mérite ; mais peut-être que, occupée du ſoin de ſauver la réputation de ſon amie , elle ne ſe rappella pas dans le moment, combien elle s'expoſoit elle-même.

Léonore avoit proteſté que juſqu'à ce matin , Stanley ne lui avoit jamais parlé de ſon amour. Sa grand'mere la crut , & compta bien que du côté de Léonore , il n'y avoit point encore de paſſion fixe & dé-terminée , quelle que pût être la ſituation du cœur de Stanley , dont elle traitoit les prétentions , comme les vûes intéreſſées d'un jeune homme perdu de libertinage. De tems en tems , Léonore laiſſoit échap-per, dans cette occaſion, quelques ſoupirs qui ſe faiſoient jour malgré elle ; la bonne Dame voulut bien ne pas les remarquer ; le ſoir, elles ſe ſéparerent de bonne heure, & en aſſez bonne intelligence.

CHAPITRE XXXVII.

Visite pour & visite contre.

LADY Filmore, en lisant les lettres que Léonore lui avoit remises entre les mains , ne trouva aucune raison de croire que Madame Stanley eût été instruite de cette affaire , & ne put accuser Fanny d'aucun dessein formé en faveur de son frere. Dans tout le cours de sa correspondance , elle s'étoit opposée à sa passion avec beaucoup de chaleur & d'honnêteté. Mais la vieille Dame sçavoit qu'une telle correspondance , soit qu'elle eût eu des desseins ou non, n'avoit fait que jetter de l'huile dans le feu ; & quoiqu'elle ne la condamnât pas formellement , elle étoit cependant très-fort irritée contre elle.

En parcourant la lettre de Belfont, cette Dame avoit remarqué certains termes de *vieille femme*, & autres semblables, qui ne lui paroissoient pas annoncer beaucoup de respect de la part de ce Lord, & dont elle ne lui savoit pas beaucoup de gré ; d'autant plus , qu'elle ne l'avoit jamais trop regardé comme un parti convenable pour sa petite fille. Il avoit beaucoup de revenu , mais cela ve-voit des places qu'il occupoit : car fon-cierement , fon bien n'étoit pas confidé-rable ; & il lui paroiffoit d'un caractere à manger tout , & même plus que fon revenu , plutôt que d'amaffer du bien pour fa famille; or cette Dame aimoit l'é-conomie. 2°. Quoiqu'il poffédât un titre, il étoit de nouvelle création ; car fans re-monter plus hrut , le pere & l'ayeul de fon grand- pere étoient marchands. Elle n'é-toit donc pas fâchée de ne voir à Léonore aucun goût pour lui : en effet , elle avoit réfolu dans fa tête , ainfi que Milord l'avoit infinué à George dans fa lettre , d'en difpofer en faveur d'un Gentil-homme de fa même Province , qui , quoique Belfont l'appellât un prodige de fobriété , n'étoit pas à beaucoup près un homme défagréable. Il étoit affez bien fait , & ne manquoit pas d'efprit. Il avoit beaucoup de fortune , & fa fa-mille étoit très-ancienne ; tous ces avan-tages réunis avoient déterminé Lady Filmore en fa faveur. Ce n'étoit pas là

de ces projets formés fubitement ; depuis long tems il avoit été queftion de
cette affaire entre Lady Filmore & la
mere du jeune homme. Et à la vérité,
le principal motif de cette derniere étoit
qu'elle avoit ouï dire, que le vieux Scrape
étoit extrêmement riche. Elle fçavoit bien
auffi que cet homme ne vouloit pas fe
priver de fon argent tant qu'il vivroit ;
mais comme fon fils avoit un revenu
fort ample, cette raifon n'étoit pas capable de l'arrêter, pourvu que Scrape
confentît à affurer toute fa fortune à Léonore après fa mort. Lady Filmore ne
lui avoit point caché que M. Scrape n'a-
voit pas une inclination bien forte pour
fa petite-fille ; auffi ces deux Douairieres
étoient elles inquiettes depuis long-tems,
comment l amener à leur but. Madame
Lloïd, (c'eft ainfi que fe nommoit
cette Dame,) s'étoit fervie de lui, & l'a-
voit fait agent des affaires & receveur de
tous les biens de fon fils. Le jeune homme lui-même avoit été élevé à la Ville ;
& les chofes en étoient reftées là. Comme
les deux parties étoient encore jeunes,
Léonore n'ayant que dix-fept ans, &
Monfieur Llewelin Lloïd, fon époux
prétendu.

prétendu, tout au plus vingt-deux, elles n'avoient pas voulu brusquer les choses. Seulement Lady Filmore avoit résolu de veiller de près sur les affections de sa pupille, qui cependant lui étoient échappées, pour se placer d'un autre côté.

Monsieur Lloïd étoit toujours de toutes les parties qui se faisoient au dehors ; & chez Milady Filmore, aucun homme n'étoit si bien reçu que lui ; non pas qu'il eût de lui-même aucun objet, soit dans leurs parties ou dans leurs visites ; car sa prudente mere n'avoit pas cru qu'il fût encore tems de le mettre dans la confidence. Ce voyage de Bath avoit tout dérangé, & les avoit obligées à hâter l'exécution de leur projet, & d'en parler à Scrape. Il n'y avoit point de tems à perdre : d'un côté, il étoit clair que le Lord Belfont étoit fort passionné pour Léonore ; il n'en falloit pas davantage pour allarmer Madame Lloïd. De l'autre, Miss avoit pour le moins du foible pour Stanley ; la Douairiere prudente en étoit allarmée elle-même ; mais elle ne crut pas, par égard pour la réputation de Léonore, qu'il fût nécessaire d'en parler à Madame Lloïd.

Partie. I. P

Lady Filmore avoit reçu de Madame Stanley, une lettre qui écartoit abſolument tous les ſoupçons, s'il lui en reſtoit encore ſur ſon compte & ſur celui de ſa fille. Elle marquoit ſa douleur qu'il y eût eu la moindre apparence contre elle ; mais elle ſe plaignoit de ce que Lady Filmore l'eût condamnée ainſi ſur de ſimples apparences ; elle promettoit cependant d'employer tout ſon pouvoir ſur l'eſprit de ſon fils, afin qu'à l'avenir, il ne mît plus d'obſtacle aux intentions de Milady, ni au bonheur du Lord Belſont.

Lady Filmore jugea à propos de lui rendre une viſite, tant pour s'excuſer des ſoupçons qu'elle avoit eus, que pour empêcher que le Lord Belſont ne rencontrât un avocat en elle ou dans ſa fille. Elle les trouva tous fort triſtes. Le pere & la mere avoient employé auprès de leur fils, les prieres & la voie de la perſuaſion ; ils lui avoient repréſenté la folie de ſes prétentions, & le peu d'apparence qu'il pût réuſſir ; mais à peine en avoient-ils pu tirer aucune réponſe.

Quand George eut écrit au Lord Belſont la lettre que nous avons vue ci-

deſſus , il devint ſi taciturne & ſi rê-
veur que, toute la famille fut plongée
dans une inquiétude profonde ſur le parti
qu'il prendroit. L'arrivée de Lady Filmore les ſurprit un peu. Madame Stanley ne s'attendoit guéres de la revoir :
peut - être même deſiroit - elle de ne
l'avoir jamais connue , puiſque cette connoiſſance étoit maintenant la cauſe d'un
chagrin ſi violent pour ſon cher fils. Elle
la reçut avec une ſorte de politeſſe ſi
froide & ſi indifférente , qu'une femme
moins fiere & moins orgueilleuſe que
Lady Filmore , auroit bien pu s'en cho-
quer. Mais la Douairiere, convaincue que
Madame Stanley étoit plus à plaindre
qu'à blâmer de la paſſion de ſon fils ,
& d'ailleurs, connoiſſant ſon mérite & ſon
bon ſens exquis, crut qu'il étoit beaucoup plus prudent d'attirer cette Dame
dans ſes intérêts , en mettant ſa confiance en elle , que de ſe la rendre contraire par un reſſentiment hors de ſaiſon.
Elle lui fit donc part de tous ſes deſſeins..... de ſon dégoût pour le Lord
Belfont ...... de ſes réſolutions en faveur de Monſieur Lloïd....... & de
l'impoſſibilité totale de recevoir M. Stan-

ley, de qui elle ne dit pourtant rien de désavantageux. Elle finit par remercier Miss Stanley des avis qu'elle avoit donnés à Léonore : mais en même tems, la pria de ne plus continuer cette correspondance : elle en donna même de bonnes raisons à la mere, qui engagea sa parole pour sa fille.

CHAPITRE XXXVIII.

Entrevue.

LA Douairiere remplie d'expérience, sçavoit bien que, dans de pareilles occasions, les femmes ont beaucoup de pouvoir ; elle se persuada pour lors , & avec raison , qu'en se conduisant comme elle venoit de faire avec Madame Stanley & sa fille , elle avoit entierement privé le jeune homme de tous les secours qu'il auroit pu attendre d'elles sans cela. Elle s'étoit proposée d'éclairer Léonore de fort près, & de rendre impraticable toute espèce de correspondance , soit de vive voix ou par lettres , entre sa petite-fille & Stanley ; de sorte qu'elle espéroit qu'il lui seroit impossible de rien avancer pour lui-même , quoiqu'il pût traverser les desseins du Lord Belfont. Hélas ! que tous les projets humains sont foibles & incertains ! Dans le moment même que cette Dame travailloit au-dehors pour parvenir à son but, & qu'elle fe felicitoit en elle-mé-me de fes démarches, il fe paffoit dans fa propre maifon une chofe capable de mettre toute fa politique en défaut, & de la rendre inutile. Pendant qu'elle étoit fortie, Stanley étoit forti de chez lui auffi, fans fe propofer d'autre plaifir, que l'envie de regarder les murs qui renfer-moient fa maitreffe. Il étoit donc à ro-der dans la rue, lorfque Betty, préci-fément dans le tems qu'il paffoit devant la maifon de Lady Filmore, parut à la porte, & l'appercevant, s'écria: Ah! mon bon Monfieur! vous êtes bien heureux d'avoir choifi le tems où ma vieille Dame eft fortie. Ce falut furprit un peu Stan-ley; mais s'étant remis auffi-tôt: Eh! bien, dit-il, Mifl Betty, pourrai-je avoir le bon-heur de voir votre jeune maitreffe? Et il lui mit auffi-tôt une pièce d'argent dans la main.

Miftreff Betty fit bien des révérences & des remerciemens, & l'affurant de fes fervices, lui dit que Mifl Filmore étoit alors dans fon appartement, & qu'elle alloit trouver quelques moyens pour la faire defcendre dans la fale à manger. Monfieur, ajouta-t-elle, fitôt

que Miss sera ici , je paroîtrai à la fenêtre du second étage ; alors vous frap-
perez , & vous demanderez Milady. On
vous dira qu'elle n'y est pas : dites que
vous allez l'attendre , & montez dans la
salle à manger ; car je ne pourrois pas
de moi-même vous y faire entrer. Stanley
approuvant cet arrangement , attendit
avec impatience que Betty se montrât
à la fenêtre. Elle n'y eut pas plutôt paru ,
qu'en suivant les conseils que lui avoit
donné sa Sybille , il trouva aisément
moyen de passer dans la salle. Miss Betty
ne tarda pas , sous quelque prétexte , d'y
amener sa jeune maitresse , qui pensa
s'évanouir , dès qu'elle apperçut Stanley :
un peu d'indignation l'en empêcha. Elle
sentit bien alors que Betty avoit eu ses
raisons pour la faire descendre , & elle
en voulut à Stanley , d'avoir ainsi corrompu sa domestique. Sur ce qu'il pré-
texta qu'il venoit rendre visite à Lady
Filmore , Léonore voulut quitter la
place ; mais il parvint, je ne sçais comment . à la faire rester , pour entendre
trois mots ...... trois mots seulement.
Elle s'assit donc , & dans ces trois mots,
je ne sçais comment elle oublia ses soup-

çons. Il lui parla de fa paffion , dans des termes fi remplis de modeftie, qu'elle ne put s'en fâcher. Cependant elle perfiftoit toujours à dire , que fans le confentement de fa grand'maman , elle ne vouloit pas recevoir fes vifites. Il garda le filence..... A la fin , il eut la hardieffe de demander fi elle feroit fâchée que le choix de fa grand'mere tombât fur lui : à quoi elle répondit feulement , qu'elle obéiroit toujours à fa grand'maman Une efpéce de foupir qui lui échappa, l'enhardit encore d'avantage. Il dit beaucoup d'autres chofes , fans qu'elle en fût en colere. Il étoit tems de fe féparer. Betty qui les avoit laiffés feuls , & s'étoit retirée pour faire le guet à la porte, entra dans la falle pour faire figne à George ; elle redoutoit trop fa jeune maitreffe pour parler. Il vit donc qu'il étoit tems ; & Betty étant retournée à fon pofte , il hazarda de la preffer plus qu'il n'avoit ofé le penfer d'abord. O Léonore ! lui dit il , Dieu fçait quand je pourrai vous revoir. Mais avant que je vous quitte , vous pouvez me dire un feul mot qui me rendroit heureux. Le Lord Belfont a-t-il trouvé place dans votre cœur ?

Avouez-le moi ; je ne vous troublerai plus davantage. J'abandonnerai toutes mes espérances pour vous rendre heureuse : si, au contraire, comme je l'espére & le desire, vous n'avez point d'éloignement pour moi, il n'y a point de dangers ni d'obstacles qui m'arrêtent. Si Léonore daigne être à moi, quelle puissance au monde seroit capable de me l'arracher ? O Miss Filmore ! ne vous laissez pas conduire par ces formalités qui gouvernent la partie la plus foible de votre sexe. Il est vrai, je n'ai osé que depuis huit jours vous déclarer mon amour ouvertement. Mais sûrement vous devez vous en être apperçue depuis long-tems. Dites-moi donc une bonne fois ; puis-je espérer un jour de vous posséder comme mon bien ? Pendant ce discours, il avoit souvent serré dans ses bras Léonore, qui ne s'y refusoit qu'à demi. A la fin, reprenant ses esprits, cette charmante fille lui dit, avec une rougeur aimable : Monsieur Stanley, je ne vous dissimulerai pas que je serois charmée que le frere de mon amie Fanny méritât la bonne opinion de tout le monde. La mienne n'en vaut pas la peine : je ne

fuis pas ma maitreſſe , & en vérité , je
ne ferai jamais rien ſans le conſentement
de ma grand’maman. Eh ! Léonore ,
ma chere Léonore ! répliqua Stanley ,
dites encore un peu plus .... Eh ! bien
donc , ajouta-t-elle , je ne donnerai jamais ma main au Lord Belfont. Fort bien,
aimable & charmante fille , s’écria cet
amant tranſporté ; il eut l’imprudence
de lui gliſſer quelques mots de mariage ;
mais Léonore ſe mit tout de bon en
colere. Enfin ils ſe réconcilierent. A la
fin , elle lui dit qu’elle étoit encore jeune ,
& promit de ne ſe donner à perſonne
avant l’âge de vingt-un-ans , & ne lui défendit pas de prendre tous les moyens
propres pour ſe rendre agréable à ſa
grand’maman. Après quoi , ils ſe ſéparerent ; mais ce ne fut qu’après que Betty
eut ſouvent fait ſigne à M. Stanley qu’il
étoit tems de ſe retirer.

FIN du premier Volume.